기록을 찍는 사람들

기록을 찍는 사람들

조현준 · 전민규 지음

대구 남산동 인쇄 골목

기록을 찍고 기억을 새긴 골목의 풍경 사람의 향기

산지니

기록을 전하기에 앞서

두 번의 무더운 여름, 대구 남산동 인쇄골목을 돌아다니며 낯선 이야기를 들었다. 그 업종에 있지 않으면 알 수 없는 이야기, 그곳에 살지 않으면 모르는 이야기, 사람 냄새 물씬 풍기는 그들만의 이야기. 우리는 그런 이야기를 호기심 어린 마음으로 끊임없이 들을 수 있었다. 그리고 낯선 이야기가 익숙해질 때쯤 우리의 인터뷰는 끝이 났다.

기록을 찍는 사람들. 그들의 이야기를 기록해야겠다고 결심한 건 그들에 대한 기록을 어디에서도 찾을 수 없었기 때문이다. 거대한 아파트 단지와 고층 빌딩이 즐비한 번화가 사이에 자리 잡은 수백 개의 작고 오래된 인쇄 업체들의 이야기가 궁금했다. 처음에는 호기심을 가지는 정도로 그쳤다가, 그 사람들의 이야기를 듣지 않고서는 안 되겠다는 생각이 들 정도로 욕심이 커졌다. 결국 인쇄 업체를 찾아다니며 그들의 이야기를 들을 수 있었고, 나아가 인쇄골목 안과 밖에 있는 다양한 사람들의 이야기도 들을 수 있었다. 그리고 그렇게 들은 이야기를 이 책에 기록하게 되었다.

기록은 남기는 일이기도 하지만 전하기 위해 꼭 해야 할 작업이기도 하다. 그래서 걱정이 되기도 했다. 우리가 인터뷰한 분들의 이야기가 독자들에게 온전히 전해질 수 있을지 알 수 없었기 때문이다. 구술된 내용을 있는 그대로 기록해볼까 하는 고민도 했다. 하지만 어떤 기록을 한 권의 책으로 엮어내는 일은 독자의 존재를 전제로 한다. 독자의 독서 편의를 위해 의도와 맥락을 해치지 않는 선에서 표현을 다듬고 적절히 재구성할 수밖에 없었다. 만일 인터뷰 내용에 오해가 생긴다면 그건 온전히 우리의 잘못이다.

이 책은 지금까지 어디에서도 기록되지 않은 '기록을 찍는 사람들'의 이야기이다. 그들은 기록을 찍는 사람들이었지만 기록되지 않는 것에 익숙했다. 하지만 우리는 낯설게도 그들의 이야기를 기록해 전하려고 한다. 이 책을 접하는 독자분들은 어느 한 동네의, 또 어느 집 한켠에 숨어 있는 작지만 내밀한 기록을 차분히 넘겨보는 마음으로 한 장 한 장 넘기기를 바란다.

마지막으로 이 기록을 위해 흔쾌히 도움을 주시고 인터뷰에 응해 주신 분들께 감사의 인사를 전한다. 이 책은 온전히 그분들의 도움으로 완성할 수 있었다.

2022년 7월

기록을 전하기에 앞서

저자들이

기록을 찍은 순서

인쇄되지 않은 기록, 대구 인쇄골목을 거닐다

첫 번째 기록

1

인쇄되지 않은 기록

"인쇄, 안 되는 게 있나요."

아직 인쇄되지 않은 기록, 그러나 지금 인쇄될 기록.
바로 대구 중구 남산동 인쇄골목의 풍경과
그곳에서 여전히 기록을 찍고 있는 사람들의 모습이다.

인터뷰를 진행하다가 오래된 신문 기사 하나를 발견했다. '인쇄, 안 되는 게 있나요'라는 제목 아래 남산동 인쇄골목의 활기찬 모습을 담고 있는 기사였다. 동시에 활판 인쇄부터 디지털 인쇄에 이르기까지 어떤 인쇄든 소화할 수 있는 인쇄골목의 공정 수행 능력을 자랑하고 있었다. 함께 실린 한 인쇄소 대표의 인터뷰에서 자부심과 뿌듯함이 온전히 전해졌다.

신문에 실린 인쇄골목 사진과 같은 구도로 찍은 사진을 1장의 표지 사진으로 실었다. 인쇄골목의 과거와 비교해 볼 수 있는 현재 인쇄골목의 사진이다. 빨간 벽돌 건물을 중심으로 두 갈래로 나뉘는 길과 건물의 외형은 변하지 않았다. 변한 것이 있다면 인쇄골목의 조용한 저녁 풍경과 한쪽 편에 거대하게 들어선 아파트의 모습이다. 사진에 담기지 않았지만 저녁이 되면 인쇄골목은 어둠에 잠긴다. 24시간 불야성을 이루던 예전과 달리 지금은 대부분의 인쇄 업체가 불을 끄고 퇴근한다. 가로등과 저 멀리 보이는 아파트만이 인쇄골목을 밝혀준다.

사실 낮에는 인쇄골목 뒤편에 큰 아파트가 자리한 것 말고 큰 변화를 느낄 수 없었다. 한낮에도 여전히 인쇄기 돌아가는 소리가 크게 들리고, 종이를 실은 지게차와 트럭이 골목 사이사이를 누비며 분주하게 돌아다녔다. 동네 사람들도 동네 안에 있는 만큼 큰 변화를 느끼지 못할 것 같다는 생각도 들었다. 인쇄 업체가 바뀌었다든가 인쇄소 자리에 카페가 들어왔다든가 하는 소소한 변화 말고는. 그런데 여기까지가 외부인의 시선이다. 인쇄골목에서 생업을 영위하는 다양한 사람들과 만나며 인터뷰를 진행한 뒤에는 그런 생각이 사라졌다. 변화는 오래전부터 시작된 바람이었고, 그 바람이 이제는 인쇄골목

골목경제
이상씨링
…인쇄 안되는 게 있나요

의 존립을 위태롭게 할 정도의 큰 태풍이 되었다는 것을 여러 이야기에서 감지할 수 있었다.

"남산동 여기는 큰 물건이 없어요. 다 작게 작게 돌아가 일을 합니더. 여기는 일하기도 편하고. 그런 데 거기(대형 인쇄소) 가면 작은 일은 안 해 줄 끼고, 여기는 그래도 몇백 장 캐도 일을 해 주는데, 거기는 몇천 장 가지고 가면은 '이게 일이가?' 칼 거거든요. 이래가 일이 없어지면 뭐 서울로 일이 가고 그렇죠. 지금도 대량은 대부분 서울로 일이 많이 가요. 내가 비싼 기계 사가주고 그 기계값 뽑겠냐는 거지."

인쇄골목에서 상대적으로 젊은 축에 속하는 대표와의 인터뷰 내용이다. 영세 업체가 대다수를 차지하는 인쇄골목이 소량 인쇄로 유지될 수밖에 없는 현실을 이야기하고 있다. 인터뷰 내내 유쾌하고 에너지가 넘치는 모습을 보였지만, 인쇄골목을 밝게 전망하지는 않았다. 또 재개발 이슈와 젊은 사람들의 부재, 인쇄 업체의 고령화도 인쇄골목의 쇠퇴를 가속화하고 있다. 인쇄업을 오래 해온 분들은 이제 쓸 수 있는 힘이 얼마 남지 않았다고 했다. 그리고 10년 이내에 은퇴를 할 텐데 자신들의 업을 이을 사람들이 보이지 않는다고도 했다.

"제가 올해 70이거든요. 그래가지고 체력도 그렇고 우리도 뭐, 오래 하겠어요? 5년이나 10년 하겠어요? 육십하나가 보통 은퇴잖아요. 사무관 겉은 경우. 서기관 겉은 정도믄 몰라도. 제 친구들은 벌써 은퇴했어요. 이 일을 원래 아들한테 물려줄라 캤는데 우리 아들이 일을 안 할라 카네. 딴 사람들한테 임대를 시키 주든지 해야지. 나는 모하지만은. 우

520
GX

리 직원들이나 이런 사람들 할라 카마 하라 캐야지. 젊은 사람들 많으면 좋은데 이제 그기 안 되잖아요."

아쉬운 것은 그들의 이런 이야기가 제대로 기록된 적이 없다는 점이다. 남산동 인쇄전시관에서도, 여러 신문기사에서도 그들의 이야기를 보기 어려웠다. 오랜 시간 '기록을 찍는 사람들'로 존재했던 그들의 이야기가 아직 기록되지 않았다는 사실이 역설적으로 느껴졌다.

그래서 인쇄골목에서 기록을 찍고 있는 사람들의 모습을 남기기로 했다. 기록은 기억이다. 그것도 한 사람이 누릴 수 있는 시간과 공간을 아득히 뛰어넘어 계속될 수 있는 기억이다. 우리는 기억을 통해 과거와 현재를 이을 수 있고 자신과 타인을 연결할 수 있다. 그래서 자신의 기억과 타인의 기억 그리고 함께한 우리의 기억이 중요하다. 그리고 우리의 이야기가 담긴 공간에 대한 기억도 중요하다.

그런 의미에서 인쇄골목 사람들의 이야기를 기록하는 일은 그들의 이야기를 통해 인쇄골목의 안과 밖을 연결하고, 인쇄골목이 존재하는 모든 시간을 연결하는 작업이다. 이제 낯설지만 그렇다고 꼭 낯설지만은 않은 그들의 이야기를 기록하려고 한다.

"인쇄, 안 되는 게 있나요."

아직 인쇄되지 않은 기록, 그러나 지금 인쇄될 기록. 바로 남산동 인쇄골목의 풍경과 그곳에서 여전히 기록을 찍고 있는 사람들의 모습이다.

2

남산 100년 향수길과 인쇄골목

'주의 은혜로 종의 집이 영원히 복을 받게 하옵소서'라는 성경 구절이
'종의 집이' 아닌 '종이의 집'으로 보인 것은 어떤 이유 때문일까?

남산 100년 향수길은 2013년에서 2016년까지 총 3년에 걸쳐 조성한 특화 거리이다. 대구 천주교의 100년 역사를 담고 있는 수녀원과 천주교구 주변의 경관을 개선하고, 인쇄골목을 특화해 도심 이미지를 제고하는 것이 거리 조성의 목적이다. 실제로 향수길의 각 코스마다에는 20세기 초에 지어진 건물들과 대구의 근대를 느낄 수 있는 장소들이 숨어 있다. 반월당, 남산교회, 보현사, 관덕정 순교기념관, 상덕사(문우관), 인쇄전시관, 성유스티노 신학교, 샬트르성바오로 수녀원, 성모당 등등. 향수길을 따라 자리 잡고 있는데, 산책하듯이 걸으면 반나절도 안 되는 시간에 충분히 돌아볼 수 있다. 거리는 한적하고 운치 있게 느껴진다.

천주교구를 출발점으로 해서 반월당역 방향으로 길을 가로지르면 중간에 인쇄골목이 등장한다. 지게차와 트럭이 바쁘게 움직이고 인쇄기 돌아가는 소리가 시끄럽게 들려온다. 건물 위에는 '인쇄'라는 단어가 적힌 오래된 간판들이 건물 바깥을 꾸미고 있다. 그리고 그 건물들의 열린 문틈으로 내부를 바라보면 바닥에 종이가 흩뿌려져 있고 손때 묻은 각종 기계들의 모습이 보인다. 그렇다고 지저분하게 느껴지지는 않는다. 오히려 삶의 흔적들이 고스란히 배어 있는, 그래서 더 깊은 정취가 느껴지는 공간으로 다가온다.

"대구가 골목으로 이루어진 거는 최고라예. 다른 도시에서는 이걸 이상하게 생각하는데, 대구에 부속골목, 깡통골목, 공구골목, 약정골목 카믄 다들 이상하게 생각하거든요. 저는 그거 자랑이라고 생각하거든요."

인터뷰 내용에서처럼 대구에는 근대를 거쳐 지금에 이르기까지 자연스럽게 형성된 골목이 많다. 인위적으로 만들어진 골목이 아니라 생업을 위해 사람들이 모여 형성된 골목들이 도처에 있는 것이다. 그 골목에는 일자리가 있고, 기술이 있고, 골목에 특화된 정서가 있고, 무엇보다 골목을 지키는 사람들이 있다. 인쇄골목도 바로 그렇게 만들어진 골목이다. 함께 있어야 더 큰 시너지를 내는 인쇄업의 특성상 수많은 인쇄 공정을 담당하는 업체들이 하나둘 모여 인쇄골목을 만들었다.

"우리는 거의 아홉 시에서 여섯 시 반까지 (일해요). 옛날엔 밤낮없이 일했어요. 일요일도 하고, 뭐, 야간도 매일 하고 했는데, 지금은 아예 낮에 할 것도 없어서 놀고 있는데. 근데 이건 어쩔 수 없어요, 이거는 시대에 따라. 그라고 또 과학이 발달되면 일이 줄어드니까."

100년 향수길은 인쇄골목 사람들에게 어떤 의미로 다가올까? '남산 100년 향수길'이라는 이름이 붙기 전부터 인쇄로 생업을 이어가던 사람들은 향수길이라는 말에 큰 의미를 두지 않았다. 수주하는 인쇄 물량이 넘쳐 흘러 24시간 동안 쉬지 않고 일했던 90년대의 젊은 자신의 모습을 떠올리며, 그 시절에 대한 향수를 느끼고 있었다. 반면에 향수길이라는 이름이, 또 그 길의 고요한 정취가 좋아서 인쇄골목에 자리 잡은 사람도 있었다.

"그다음에 (카페로) 알아봤던 데가 남산동인데 저는 인쇄골목보다는 100년 향수길이라는 이름을 먼저 알았어요. 그다음 성당이랑 교회가

워낙 옛날부터 있던 곳이고. 저희 엄마가 중학교 때 다녔던 교회라고 하는 거예요. 그래서 그 정도로 옛날 분위기 나니까 이쪽 골목에 (카페 자리를) 알아보고 싶었는데, 생업 때문에 여기 있으신 분들이 많다 보니까 잘 안 나가시거든요. 그래서 이쪽 동네에 자리가 잘 없었어요. 임대하려고 해도 낡아서 무너져가는 데라든가, 아니면 기존에 2층에 있는 카페였는데 코로나 때문에 문 닫아서 나갔다든가, 근데 거기는, 2층은 제 스타일이 아니고. 그리고 무너져가는 걸 다시 세울 만한 그런 돈은 없고. 최소한의 자금으로 해야 되는데 지금 이 자리를 몇 달 동안 계속 보다가 계약을 했어요. 딴 데를 안 가고 남산동 온 이유는 저는 향수길이 가장 먼저였고, 성당이랑 교회가 많아서였어요."

향수길과 인쇄골목은 서로 다른 분위기를 풍긴다. 한쪽은 근대

의 깊은 정취가 흐르는 한적한 길이고, 다른 한쪽은 시끄럽고 바쁘게 돌아가는 생업의 현장이다. 향수길을 알아도 큰 의미를 두지 않는 사람들과 인쇄골목은 몰랐지만 향수길은 알고 있는 사람들. 두 부류의 사람들에게 향수의 대상은 서로 다르게 다가올지도 모르겠다. 그러나 인쇄골목 사람들과 향수길 사람들이 만나 서로 교류하는 지점이 생긴다면 향수를 느낄 수 있는 공통된 대상을 발견할 수 있을 것이다. 그렇게 시간이 흘러 현재가 추억이 되고 향수를 느낄 수 있을 때가 오면 사람들은 남산동을 어떻게 기억하고 있을까?

어느 인쇄소에서 인터뷰를 마칠 때쯤 내부를 둘러보다 벽에 장식된 글귀를 보았다. '주의 은혜로 종의 집이 영원히 복을 받게 하옵소서'라는 성경 구절이었다. 그런데 '종의 집이' 아닌 '종이의 집'으로 보인 것은 어떤 이유 때문일까?

3

남산동
인쇄전시관

'남산동 인쇄전시관만 덩그러니 남게 되면 어쩌지?'

대구 남산2동 행정복지센터 옆에는 조그마한 전시관이 하나 있다. 바로 인쇄전시관이다. 인쇄 기술이나 역사에 대한 전반적인 설명을 볼 수 있는 이곳은 남산 100년 향수길 조성 사업의 일환으로 건립되었다. 향수길은 대구 근대골목 투어 5코스에 해당하고 이 인쇄전시관은 반월당에서 가깝다.

반월당은 대구의 중심부이다. 하지만 중심부와 가까운 곳에 인쇄전시관이 있다는 걸 아는 사람들은 별로 없다. 사실 관계자가 아니면 인쇄골목 자체를 아는 사람도 거의 없을 것이다. 인쇄골목에는 일반인들이 들어올 일이 없기 때문이다. 인쇄 주문을 하기 위해서 들어서거나 향수길을 둘러보다 우연찮게 들어서는 것이 아니라면 말이다. 그래서인지 인쇄전시관을 구경하러 가는 사람을 크게 보기 어렵다.

인쇄전시관은 일반적으로 상시 개방하고 있지만 때에 따라 닫혀 있을 수도 있다. 전시관이 닫혀 있다면 바로 옆에 위치한 행정복지센터에 들어가 전시관 견학을 요청하면 된다. 전시관은 협소한 편이다. 들어가자마자 모든 전시물이 한눈에 보일 정도로 작다. 하지만 인쇄 기술과 역사, 대구 인쇄의 연혁 등이 빼곡히 표기돼 있고, 수많은 금속활자들이 진열대에 들어차 있다. 또 활판 인쇄기, 마스터 인쇄기, 3D 프린터 등을 전시하고 있어서 인쇄기의 과거와 현재를 보여주고 있다. 활자나 인쇄기를 좋아하는 사람들에게는 어떤 볼거리보다 더 특별하게 다가올 수 있는 공간이다.

다만 인쇄골목의 규모에 견줘 전시관이 작은 편이라는 점, 그러다 보니 해설사가 상시로 자리해 있지 않다는 점, 여름에 냉방이 안 될 때도 있다는 점은 아쉬움으로 다가올 수 있다. 이런 문제는 전시관을 찾는 사람들이 많지 않아서일 가능성이 크다. 하지만 이런 아쉬운 점과 상관없이 향수길을 둘러볼 때 잠깐 들러 구경하는 정도로는 충분히 좋은 전시관이다.

"그 자료를 갖고 와가 보니깐 1930년대에 여기 남산동에 생겼다고 하는데, 여기 1930년대에 집이라고는 없었어. 여기 완전히 벌판이라. 여기 1960년, 70년 되면서 남문시장이 들어서면서 생기고, 요기 옆에 지금 반월당 있지요? 이 네거리 이외에는 집이 없었어. 판잣집 전부 있고 뭐 그렇지. 여기 내가 1985년도에 올 때만 해도 여기 한 열 개 업체가 겨우 있었어. 1930년에는 우리나라에 인쇄업이 대구에도 열 개가 안 됐어. 한 열 개 남짓 정도 안 했겠나. 인쇄라는 기, 1930년대에 종이도 제대로 공급이 안 됐을 때고, 그때는 일제 강점기 때인데, 그죠? 겨우 뭐 우리 한성신문 캐 쌓고 뭐 만들어지고 그랬는데. 뭐 잘못된 것 같애. 그래가지고 자료가 왔는데 그거 보고 깜짝 놀랬어. 인쇄전시관에도 그래

남산동
인쇄전시관

돼 있는데 그게 잘못됐다 이 말이라. 그걸 보고 논문을 쓰니깐 그렇지. 자료가 잘못됐으니깐. 1950년대에도 이 동네는 인쇄소가 없었어."

한 가지 더 아쉬운 점이 있다. 전시관이 남산동에 위치해 있는데도 인쇄골목에 대한 이야기가 거의 없다는 것이다. 그나마 있는 인쇄골목에 대한 설명도 인터뷰 내용에서처럼 바로잡아야 할 오류가 있다. 사실 인쇄전시관뿐 아니라 어디에서도 인쇄골목에 관한 자료를 찾기 어려웠다. 단순히 기록물이 없는 건지, 아니면 찾지 못했던 건지 알 수는 없다. 하지만 기록물이 없는 것도 문제가 될 수 있고, 자료를 찾기 어려운 것도 문제가 될 수 있다. 30년이 넘는 세월을 지킨 인쇄골목이 아무런 가치가 없을 리 없다. 전시관은 말 그대로 가치 있는 기록과 사물을 전시하는 공간이지 않은가? 지금이라도 인쇄골목에 관한 다양한 자료를 찾고, 기록하고, 전시하는 과정이 이루어지기를 소망한다.

인쇄전시관을 나오면서 본 하늘은 푸르고 높았다. 벽에 디자인된 활자들은 하늘을 향해 있었다. 불현듯 하나의 생각이 떠오른다.

'남산동에 인쇄골목이 사라지고 인쇄전시관만 덩그러니 남으면 어쩌지?'

4

인쇄골목에는 인쇄소만 있는 것은 아니다

인쇄골목 곳곳에는 카페들이 들어서고 있고,
그곳에는 젊은 사람들이 많이 모인다.
젊은 사람들은 '남산동 카페골목에서 만나자'라는 말을 자주 쓴다고 한다.
'남산동 인쇄골목'이라고 하지 않는다.

여유를 가지고 인쇄골목을 거닐다 보면 흔히 볼 수 있는 보통의 장소가 낯설게 느껴질 때가 있다. '인쇄골목'이라는 단어가 인쇄 이외의 다른 것들을 낯설게 보이도록 만드는 효과를 주기 때문이다. 그런 생각을 내려놓고 보통의 동네를 산책하듯이 돌아다니면 비로소 인쇄골목 사람들의 일상이 보인다. 오래된 식당, 이용소, 카페. 오래된 여느 동네에나 있을 법한 장소들이 인쇄 업체 사이사이에 들어서 있다.

'인쇄골목'은 오래된 이름이지만 이 이름을 아는 일반인은 거의 없다. 인쇄골목에서 인쇄 업체와 일반 소비자가 직접 대면할 일이 없기 때문이다. 가게로 따지면 마치 도매상과 같은 곳이 인쇄골목에 있는 인쇄 업체들이다. 그래서인지 젊은 사람들 사이에서는 이곳이 카페거리로 유명해지고 있다. 몇 년 전부터 지게차와 트럭이 가득한 이 동네 곳곳에 카페가 들어서기 시작했기 때문이다. 그리고 인스타그램을 비롯한 여러 SNS에서 '#남산동신상카페', '#남산동카페'를 검색하면 인쇄골목에 위치한 다양한 카페 사진이 나온다.

> **"예, 여기 커피숍이 마이(많이) 들어서잖아요. 요기도 지금 코너에 카페 들어선다고 수리하고. 우리 저 있는 세입자도 요번에 계약서 새로 썼는데, 자기는, 내가 요 1, 2층 그거(주인)거든요. 상가, 통상가기 때문에 2층에 자기 기업 올리고, 1층에 커피숍 하겠다고 서류까지 작성해 줬잖아요. 그렇게 한다니깐요. 그런 상황이에요. 지금 인쇄소 골목이 이상하이 카페골목이 돼가지고. 그거도 나도 염려하는 반데(바인데). 그것도 다 젊은 사람들이다. 이 힘들 걸 안 할라 카이끼네. 옛날에는 기술만 배우마 산다 이캐가 뭐든지 했는데 기술, 무슨 배와 노니(배워 놓으니) 인**

자, 시설 싸움하고 앉았다. 인제 돈 있는 사람이 무조건 인자 치고 나가는 기라요."

변하지 않는 장소에서 오랫동안 같은 일로 삶을 영위하면 변화가 낯설게 느껴진다. 낯선 변화에 대한 우려도 설득력이 있다. 변화는 늘 위험을 동반하고 익숙함은 안정감을 주기 때문이다. 인터뷰 내용은 표면적으로는 힘든 일을 하지 않으려고 하는 젊은 세대에 대한 불만이다. 하지만 달리 생각하면 변화의 속도를 따라가지 못하는 세대가 느끼는 공포감과 서운함의 표현이라고 볼 수도 있다. 그들의 입장에서 변화를 수용할 마음의 준비가 아직 되어 있지 않은데 세상이 너무 빨리 바뀌고 있는 것이다.

그래도 변화를 멈출 수는 없다. 변화를 멈추려고 하는 사람도 없겠지만 인쇄 업체가 하나둘 사라지고 카페가 들어서는 변화는 이미 하나의 흐름이 되었다. 그렇다고 갑자기 수백 개의 인쇄 업체가 한꺼번에 문을 닫고 모두 카페로 바뀌지는 않을 것이다. 카페는 인쇄골목의 일부이자 인쇄골목 사람들의 휴식처가 될 수 있다. 인쇄골목의 정체성을 보여주는 카페도 있다. 커피로 서체의 느낌을 표현하고, 자신이 수집한 활자로 인쇄도 하는 그런 곳. 앞으로도 이런 카페들이 인쇄골목에 더 많아지지 않을까 하는 생각이 든다.

인쇄골목 곳곳에 카페가 들어서고 있고, 그곳에는 젊은 사람들이 많이 모인다. 젊은 사람들은 '남산동 카페골목에서 만나자'라는 말을 자주 쓴다고 한다. '남산동 인쇄골목'이라고 하지 않는다.

5

남산동 인쇄골목의 재개발

하늘이 주황빛으로 물든 인쇄골목 저편에는 타워 크레인이
내일을 위해 잠시 멈춰 있다.

인쇄골목을 돌아다니면서 가장 많이 들은 이야기, 그리고 인쇄골목을 거닐며 가장 많이 보았던 글귀, 바로 남산동 재개발이다. 골목마다 조합과 건설회사의 현수막들이 즐비하고, 곳곳에 비어 있는 가게들과 '임대'라는 현수막 또한 쉽게 보인다.

"예전에는 10년, 20년 뒤면 인쇄골목이 없어진다 캤는데, 아직까지 버티고 있잖아예? 그런데 진짜 10년 뒤에는 여기도 없어질 끼다. 우리처럼 나이 든 사람은 할 수 있는 일이 이것뿐이라 아직 하고 있는 거고, 그렇다고 그만두기에도 뭣하고, 그만둘라 카이 나가면 할 일도 없고 뭐. 그래서 그냥 하고 있는 거지, 그렇다고 밑에 자식들이 이 일을 할라 카나? 안 할라 캐. 안 할라 카지. 그러이 뭐 재개발 들어가고 나가라고 하면 우리 일도 그때는 끝이지 뭐. 여기 골목에 나처럼 나이 든 사람은 다 그래 생각할 끼다."

인쇄골목이 위치한 남산2동은 2000년대 중반부터 지속적인 재개발 압력을 받아왔다. 얼마 떨어지지 않은 위치에 동성로라는 대구에서 가장 큰 규모의 번화가가 자리해 있고, 봉산문화거리나 약전골목 같은 문화적 가치를 지닌 거리가 가까이 있기 때문이다. 게다가 지하철 1, 2, 3호선이 모두 연결되어 있어 접근성이 좋기에 주거 공간이자 상업 공간, 나아가 문화 공간으로서도 매력적인 곳이다. 인쇄골목이 자리한 남산2동의 지가는 나날이 오를 수밖에 없었고, 이러한 지가 상승은 당연히 재개발에 대한 욕망으로 귀결되었다. 불과 20년 전, 아니 10년 전까지만 하더라도 체감할 수 없는 현실이 이제는 바로 코앞에 도래한 것이다.

"2004년도 요때 또 재개발 있었어요. 있었는데, 제가 반대를 했어요. 왜냐하면 우리도 금방 짓는(지었던) 집이고 그러고 주위에 보면 전부 다 세입자고 전부 다 영세예요. 보면 기와에다가 안에 있는 집이 많아요, 점포 있는 집이 많아요. 그래서 제가 반대 서류를 200명 받았거든요. 200명 받고, 세입자 것도 다 받았죠. 반대 서류를. 왜냐면 자기들도 갈 데 없으니까. 중구청에서 반대 서류가 많으니까 무산됐어요. 무산됐는데 인제 부활을 시킨 거예요."

인쇄골목에 있는 인쇄 업체들의 대다수는 소규모 사업장이자 세입자이다. 소유한 건물에서 사업을 하는 것이 아니기 때문에 자신들의 의지와 무관하게 재개발 사업이 순식간에 진행될 수 있다. 그럴 경우 운영자는 사업장을 대구출판산업단지로 이전하거나 세가 더 저렴한 곳을 찾아 이전할 수밖에 없다. 그런데 대구출판산업단지는 소규모 사업체가 이전하기에 부적합하다. 규모가 있지 않고서는 인쇄 물량을 수주하는 데 어려움을 겪기 때문이다. 그렇기에 이들에게는 세가 더 저렴한 주택이나 외곽지로 사업장을 옮기는 선택지밖에 남지 않는다. 문제는 공정이 여러 단계로 구분되어 있는 인쇄 산업 특성상 여러 업체가 가까운 곳에 모여 있지 않으면 일을 진행하기 힘들다. 결국 인쇄골목이 본격적인 재개발에 들어가게 되면 남아 있는 인쇄 업체들은 오갈 데 없는 상황에 직면할 수밖에 없다.

"2세가 안 할라 카는데 내가 뭐 할라꼬 내가 그카겠노. 저는 어디 가도 상관없어요. 상관없는데 이 사람들(인쇄골목 사람들) 때문에도 못

가잖아. 그라고 이거 놔 뿌마 이건 또 세가 나가나. 이 상황에서. 갈 수 있어요, 우리도 언제든지 갈라 카마 가요. 내가 뭐, 어데 뭐, 땅이 없어 못 가나, 갈라 카마 가지. 와 안 갔겠노. 그건 아이다 말이야. 그러이끼네 재개발돼뿌마, 여도 재개발 얘기 나오잖아요. 재개발돼뿌마 저절로 없어져 뿐다꼬. 손 놓을 사람 많죠. 나이 든 사람들이 많으이."

어쩌면 남산동 인쇄골목이 사라진다는 사실은 이미 정해져 있는 운명일지도 모르겠다. 사업장을 물려주고 싶어도 젊은 사람들이 인쇄업 자체에 진입하지 않는 상황에서 업체 종사자들의 고령화는 인쇄골목의 소멸을 가속화하고 있다. 인쇄골목 재개발이라는 현수막은 인쇄골목의 소멸을 예고하는 상징적인 표지처럼 보인다.

해 질 무렵 문을 닫은 인쇄소가 심심치 않게 발견된다. 임대 현수막을 붙여놓은 곳이 있는가 하면, 벌써 폐허가 되어 아무도 돌아보지 않는 빈 상가들이 덩그러니 자리하고 있기도 했다. 하늘이 주황빛으로 물든 인쇄골목 저편에는 타워 크레인이 내일을 위해 잠시 멈춰 있다.

6

인쇄골목이 잠든 사이

공사가 한창 마무리 중인 아파트가 우뚝 솟아 있을 뿐, 골목은 여전히 조용하다.
인쇄골목 아스팔트 위에는 발자국이 남지 않았다.

산책하기 좋은 곳은 어디일까? 운동보다는 소화를 시키거나 사색을 즐길 때 산책을 하니까, 조용하고 운치 있는 곳이 좋을 것 같다. 또 너무 어두우면 무서우니까 어느 정도 밝은 곳이 좋을 것 같다. 그런 점에서 인쇄골목의 밤길은 산책에 딱 어울리는 장소이다.

인쇄골목은 퇴근 시간 이후에 조용해진다. 그리고 밤이 되면 가로등을 제외하고 불 켜진 곳이 거의 볼 수 없다. 일반적으로 늦은 시간까지 영업하는 카페도 8시만 되면 문을 닫는다. 그 이후에는 정말 고독한 정적이 흐르는 동네가 된다. 물론 진짜 고독한 느낌이 든다는 것은 아니다. 길을 따라 밝은 가로등이 서 있고, 산책을 하는 주민들을 볼 수 있기 때문이다. 그런데 이렇게 산책하기 좋은 인쇄골목의 밤 분위기가 1990년대에는 달랐다고 한다.

"90년대만 하더라도 24시간 불 꺼지는 가게를 구경하기가 힘들었지요. 선거철 되면 철야 작업 해야 되지, 동성로에 가게들 막 생기니깐 그때 홍보물 막 찍어 내지, 주변 관공서나 회사 할 것 없이 전부 인쇄 홍보니 책자니 만들어가 막 장사 열심히 할 때였으니깐. 그런데 갑자기 휴대폰으로 뭐 다 보는 시대가 되고 나이께네 종이 이거 찍어가 보는 사람이 몇이나 되겠노? 인쇄도 이제는 사양사업(사양산업)이라 젊은 친구들도 일 안 배울라 카고, 우리도 뭐 이제는 인건비 맞출 정도로 많이 벌지도 못하고. 내 인건비도 안 나오는 상황이라 지금은. 그래서 일 있으면 문 열고, 일 없으면 뭐 문 닫고 하는 거지 뭐. 그래서 언제 문을 열고 언제 문을 닫고 하는 경우가 따로 없어요. 일 있으면 다행이지 뭐."

24시간 불이 꺼지지 않는 동네, 철야 작업을 수시로 해야 했던

동네, 엄청난 물량의 인쇄 주문이 몰렸던 동네. 90년대 인쇄골목의 밤은 '불야성'이라는 말이 어울릴 만큼 바빴다. 하지만 이제는 스마트폰으로 모든 정보와 광고를 볼 수 있고, 인터넷으로 손쉽게 인쇄 주문을 할 수 있게 되면서 인쇄골목의 일감이 줄어들고 있다. 이런 상황은 구조적인 문제여서 영업 대상을 바꾸거나 업체 규모를 키우거나 특별한 지원이 있거나 하지 않는 이상, 인쇄 물량이 감소하는 흐름을 끊기 어렵다.

앞으로 인쇄골목은 어떻게 될까? 한번 시작된 흐름은 시간이 갈수록 그 덩치를 크게 키워 도저히 되돌릴 수 없는 지점을 돌파한다.

인쇄골목의 흐름이 어느 지점까지 와 있는지 알 수 없지만, 상황을 90년대로 되돌리는 일이 쉽지 않은 것은 확실하다. 그렇다고 인쇄골목이 당장 사라지지는 않을 것이다. 여전히 관공서나 회사에서 중소 물량의 인쇄는 인쇄골목에 의뢰한다. 인쇄 공정이 이렇게까지 집적되어 있는 장소는 인쇄골목밖에 없기 때문이다.

산책하기 좋은 곳이란 말이 모든 사람에게 긍정적으로 다가가지는 않을 것이다. 적어도 인쇄골목에서 생업을 영위하는 사람들의 입장에서 인쇄골목의 밤은 더 시끄럽고, 더 활동적이고, 더 밝아야 긍정적으로 느껴질 테니까.

공사가 한창 마무리 중인 아파트가 우뚝 솟아 있을 뿐, 골목은 여전히 조용하다. 인쇄골목 아스팔트 위에는 발자국이 남지 않았다.

인쇄하는 사람들

두 번째 기록

인쇄하는 사람들에 대한 기록은 온전히 인쇄골목에서 오랜 기간 지내셨던 분들의 도움으로 채울 수 있었다. 인터뷰에 참여하신 분들은 짧게는 20년, 길면 50년이 넘는 세월을 인쇄라는 한 분야에 종사한 사람들이다. 그러면서도 동시에 인쇄골목이 형성된 시기부터 지금까지 남산동 인쇄골목이라는 공간에서 삶을 영위한 주민이기도 하다. 두 번째 기록에서는 한 업계에, 또 한 장소에 오랫동안 몸 담가온 그들의 생각과 삶을 고스란히 보여주고자 한다.

다만, 업체와 대표 이름을 익명으로 처리한 인터뷰가 몇 개 있다. 인터뷰라는 특성상 사실성을 고려한다면 익명 처리를 하면 안 되겠지만, 익명을 바라는 분들이 있었다. 질문에 대한 답변을 준비하고 인터뷰를 진행하지 않았기 때문에 혹시 말실수를 하지 않을까, 괜한 오해를 불러일으키지 않을까, 또 어떤 문제가 생기는 것은 아닐까 하는 걱정을 하셨기 때문이다. 그분들의 조심스러운 마음을 담아 업체명과 대표명은 숨기되 그분들의 진정 어린 이야기들은 빠짐없이 모두 담아냈다.

인터뷰 내용은 인쇄 공정에 따라 배치했다. 인쇄 공정은 인쇄 방식이나 인쇄 종류에 따라 다를 수 있지만, 크게 보았을 때 '인쇄 전 단계(prepress) → 인쇄 단계(press) → 후공정 단계(postpress)'로 나눌 수 있다. 이를 조금 더 평면적으로 나열하면, '종이 가공 → 인쇄 → 라미네이팅 → 도무송 → 제책 또는 제본' 순으로 구성된다. 이들 단계 가운데 인쇄 이후 공정은 모두 후공정에 들어간다. 인쇄 전 단계나 인쇄 단계보다 더 많은 종류의 공정이 이 후공정 단계에 있다. 라미네이팅은 종이를 코팅하는 공정이고 도무송은 표지를 접거나 스티커에 홈을 파는 작업이다. 또 제책과 제본은 원고를 페이지 순서대로 모아 표지와 함께 붙여 완성하는 작업이다. 다만 제책사는 일반적으로 두꺼운 책을 풀로 붙이는 작업을 진행하고 제본사는 얇은 책을 스테이플러(stapler)로 붙이는 작업을 진행한다.

이번 기록의 마지막은 기획부터 인쇄까지 대부분의 공정을 자체적으로 소화하는 출판 · 인쇄 업체인 대보사 대표의 이야기를 담았다. 오랜 기간 족보라는 하나의 콘텐츠로 업체를 운영했고, 인쇄골목이 형성되던 초기부터 인쇄골목에 자리 잡고 있었으며, 대구경북인쇄조합 이사로도 활동하는 그의 말에 좀 더 정제된 사실과 풍부한 콘텐츠 경험이 담겨 있으리라 여겼기 때문이다. 인쇄 공정 순서대로 담긴 각 업체 대표의 이야기들을 읽고 마지막 이야기를 접하면 남산동 인쇄골목의 역사와 가치, 그리고 그들의 삶을 이해할 수 있을 것이다. 더불어 인쇄에 대한 전반적인 이해도도 높일 수 있을 것이라 생각한다.

1

“종이, 다 같은 종이가 아닙니다”

대웅지류 직원 남영만

종이를 다루는 지류 업체는 다른 인쇄 업체보다 건물의 규모가 컸다. 다양한 크기와 재질의 종이를 보관하기 위해서다. 열린 문으로 조심스럽게 들어가니 일하시는 분이 보였다. 인터뷰를 요청드리니 처음에는 자신은 대표가 아니라며 인터뷰를 거절하셨다. 그러나 종이에 대한 호기심 어린 질문을 하자 대답을 해주셨다.

인쇄골목에서 지류라는 이름의 간판이 거의 안 보이던데 지류 업체가 많이 없나요?

아뇨. 여러 군데 있어요. 우리 집 앞에도 있고 길 건너에도 하나 있고. 파출소 옆에도 하나 있어요. 돌아다니다 보면 한 번씩 눈에 보일 거예요.

지류 업체는 종이만 취급하나요?

종이만 취급하죠.

여기 종이가 크기별로 많이 쌓여 있는데 종류가 어떻게 되나요?

종류는 너무 많죠. 크기별로도 나눌 수 있고 재질별로도 나눌 수 있어요. 보통 책자는 A4, 16절지, 8절지로 만들어요. A4 책자는 636×940 사이즈*의 종이를 잘라서 만들어요. 이걸 8조각으로 자르면 자투리 없이 딱 A4 사이즈에 맞춰서 나오죠. 이거 말고 788×1091** 사

---

* 이 사이즈의 종이를 국전지라고 한다. 국전지는 A그룹 용지를 만들 때 주로 사용하고 업체마다 1~2mm 정도의 차이를 보일 수 있다.

** 이 사이즈의 종이를 4×6전지라고 한다. 4×6전지 B그룹 용지를 만들 때 주로 사용한다. 이 종이를 적절한 크기로 재단하면 우리가 아는 B2, B3, B4, B5 등의 종이가

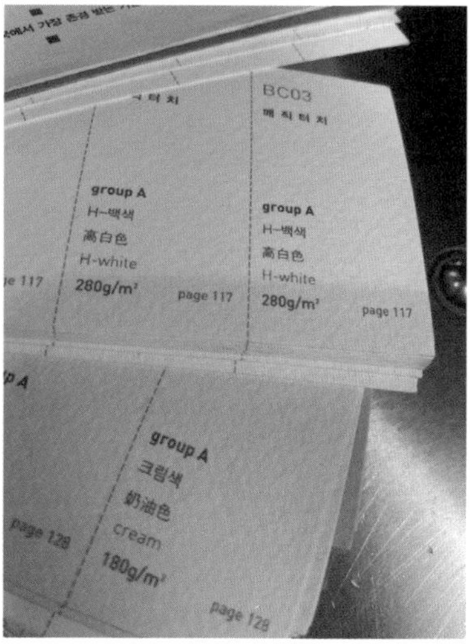

이즈도 있어요. 이 사이즈의 종이를 자르면 2절, 4절, 8절, 16절지가 나와요. 재질별로는 일반 책자용 종이도 취급하고, 포스터용 종이도 취급하고, 명함용 종이도 취급하죠. 근데 명함용 종이만 해도 수십 가지예요. 또 두께에 따라서도 종이가 달라요. 여기서 취급하는 종이만 해도 100여 가지가 넘을 거예요. 종이 종류가 그렇게 많으니까 여러 제지 회사에서 나온 종이 샘플북이 있어요.

이렇게 많은 종류의 종이 중에서도 자주 사용되는 종이가 따로 있나요?

그런 건 따로 없어요. 인쇄 종류에 따라 다르니까요. 다만 책자의 경우 백색 모조지나 미색 모조지를 많이 사용해요. 좀 얇은 종이죠. 기본적으로 70g, 80g, 100g 정도의 두께를 가지고 있어요. 홍보용 팸플릿 종이는 컬러도 들어가고 고급스러운 느낌이 나야 하니까 스노우

나온다. 또 재단 방식에 따라 2절지, 4절지, 8절지, 16절지를 만들 수 있기도 하다.

화이트지나 아트지를 많이 쓰죠.

큰 종이를 재단하는 게 이 기계인가 보네요.

그렇죠. 근데 이 기계는 지류 업체만 가지고 있는 게 아니라 종이를 붙이는 제책사에도 있어요. 책을 깔끔하게 만들려면 종이 일부분을 잘라야 하거든요. 책을 만들다 보면 너덜너덜해지는 부분이 있어요. 그 부분을 잘라야 하는 거죠.

주문이 들어오면 이 재단기로 종이를 잘라서 보내겠군요.

주문에 따라 달라요. 재단해서 나갈 수도 있고 아닐 수도 있어요. 인쇄기 크기가 작은 게 있고 큰 게 있어요. 마스터 인쇄기처럼 작은 기계는 글자만 찍기 때문에 규격에 맞게 종이를 잘라서 보내야 돼요. 근데 오프셋 인쇄기처럼 큰 기계에서 인쇄하려고 하면 종이가 원 사이즈 그대로 나가야 돼요. 그런 큰 기계로는 컬러 인쇄를 많이 하죠.

인쇄골목을 돌아다니다 보면 지게차가 종이를 싣고 주로 오후에 왔다 갔다 하던데 종이를 운반하는 특별한 시간대가 있나요?

특별한 시간이 있지는 않아요. 그건 주문에 따라, 재단 시간에 따라 운반 시간이 다 달라요.

이 일에 종사한 지는 얼마나 되셨나요?

저는 1988년도부터 이 일을 했어요. 인쇄업으로 치면 1세대는 아니고 한 2세대쯤 될 거예요.

인쇄골목이 1980년대 후반부터 형성되기 시작했다고 하던데 그쯤부터 인쇄 일을 시작하신 거군요.

그렇긴 한데, 인쇄골목은 80년대 후반 이전부터 형성돼 있었어요. 다만 80년대 후반부터 인쇄업이 호황기에 들어서니까 업체들이 엄청 많이 생기기 시작했죠. 그때는 뭘 해도 장사가 잘된다고 하던 시기예요. 특히 제조업이 바쁘면 홍보 책자도 만들어야 되고, 팸플릿도 만들어야 되고, 박스도 만들어야 되고, 설명서도 만들어야 되니까 자연스럽게 인쇄 물량도 엄청나게 많아졌죠.

지금 인쇄업 상황은 어떻다고 보시나요?

지금은 디지털 인쇄로 전환되다 보니까 종이 인쇄가 전반적으로 많이 줄어드는 편이지요. 지금이야 광고를 전부 디지털로 하니까 종이가 필요 없지만, 옛날에는 광고 전단지를 많이 만들었거든요. 그러니까 그때는 종이 인쇄 물량이 많을 수밖에 없었죠. 근데 요새는 청첩장도 모바일 청첩장으로 대신하잖아요. 아마 미래에는 교과서도 스마트폰이나 태블릿 PC로 볼 수 있는 세상이 오겠죠.

출판단지로 이전할 계획이 있으신가요?

저는 대표가 아니라서 몰라요. 근데 나이가 좀 있으신 분들은 2세가 안 물려받으려고 하면 그만할 거고, 2세가 물려받는다고 하면 출판단지로 갈 수도 있겠죠. 젊은 사람들이 어떤 결정을 할는지 모르겠네요.

인터뷰에 응해주셔서 감사합니다.

2

"우리가 하는 일이 그래"

다인기획인쇄 이덕영

인쇄기 돌아가는 소리가 한창이고, 몇몇 분들이 분주하게 일을 하고 있는 모습이 문틈으로 보였다. 조심스레 문을 열고 인터뷰를 요청하자 대표께서 흔쾌히 허락했다.

이곳은 어떤 일을 하는 공간인가요?

여기 있는 인쇄기는 고급 장비여서 작품집이나 책을 주로 인쇄합니다. 대구에서는 우리가 2006년에 이 기계를 제일 먼저 들여왔어요. 데이터를 전송받아 인쇄하는 디지털 인쇄기죠. 독일 업체 하이델베르크에서 만든 거예요.

여러 종류의 인쇄기가 있는 건가요?

그렇죠. 한 40~50년 전만 해도 웬만한 업체에는 한 가지 색상만 인쇄할 수 있는 1도짜리 기계밖에 없었어요. 그러다가 2도짜리 인쇄기가 들어오고, 이후에 4도짜리 디지털 인쇄기도 들어오게 됐죠. 지금 여기 있는 인쇄기는 7억 원이 넘어요.

기능이나 성능이 좋아서 비싼 건가요?

네. 7억 원이 넘으면 이것보다 더 큰 인쇄기를 살 수 있는데, 이게 편의 기능이나 성능이 더 좋아서 사게 됐죠. 정상적으로 돌리면 한 시간에 1만 2,000장을 찍을 수 있고 최대 1만 5,000장까지도 나와요. 근데 그렇게 돌리면 기계에 무리가 가니까 시간당 1만 장 정도만 찍는 거죠.

인쇄골목엔 언제 자리 잡으셨나요?

우리는 40년 넘게 여기에 있었어요. 그래서 이 동네 상황은 웬만하면 다 알죠. 옛날에는 우리 포함해서 몇몇 업체들이 인쇄 일을 도맡아 했는데 어느 순간 업체가 많이 늘었어요.

요즘 인쇄골목에 있는 인쇄 업체 상황은 어떤가요?

해마다 계속 더 어려워지고 있으니까 힘이 많이 들어요. 문 닫는 곳도 많아요. 직원을 채용하려고 해도 인건비 감당이 안 되니까 채용할 수가 없어요. 혼자 하거나 가족끼리 운영하는 게 아니면 업체를 유지할 수가 없죠. 그만큼 절박해요. 특히 요새는 대학 전공책 주문 부수도 많이 줄었어요. 예전엔 700~1,000부씩 주문이 들어왔는데 요새는 200~300부 정도만 주문이 들어와요.

예전에는 지금과 많이 달랐나요?

그렇지요. 90년대만 하더라도 24시간 내내 인쇄기가 돌아갈 정도였으니까, 불 꺼진 집을 구경하는 게 더 힘들었지요. 선거철 되면 철야 작업해야 되지, 동성로에 유흥 업소들이 우후죽순으로 생기면서 홍보물 찍어내야 되지, 관공서나 회사들 홍보 책자도 만들어야 되지, 할 일이 엄청 많았어요. 지금은 휴대폰으로 모든 걸 다 보는 시대가 되고 나니 종이로 인쇄된 활자를 보는 사람이 얼마나 되겠어요? 인쇄도 이제 사양산업이라 젊은 사람들이 일을 안 배우려고 하고, 우리도 인건비 맞출 정도로 많이 벌지도 못해요. 일 있으면 문 열고 일 없으면 문 닫는 거죠. 그래서 업체 운영 시간이 딱히 정해져 있지 않아요. 일 있으면 다행이지요.

인쇄 실무는 어려운 편인가요?

실무 경험이 없으면 처음엔 어려울 수도 있어요. 디자인이든 인쇄 업무든 실습을 하고 오는 사람들도 있는데, 실습과 현장은 많이 달라요. 개인이 가진 디자인 창의성은 크게 바꾸지 않아도 되지만, 현장에서 사용하는 기기나 프로그램, 디자인 코드에는 어느 정도 적응할 필요가 있죠. 인쇄 업무도 마찬가지예요. 예를 들어 종이를 재단할 때 재단선에 딱 맞게 자르면 안 돼요. 그러면 종이가 재단선보다 더 안쪽으로 잘리거든요. 2~3mm 정도 여유를 두고 종이를 잘라야 재단선에 딱 맞게 잘려요. 이런 감각은 실무 경험이 있어야 얻을 수 있는 거죠.

젊은 사람들도 인쇄 업체에 많이 입사하려고 하나요?

잘 안 들어오려고 하지요. 저도 디자인 파트를 구인하려고 여러 번 시도했는데 지방에 있어서 그런지 잘 안 되더라고요. 디자인 말고 인쇄 쪽은 더 안 들어오려고 해요. 육체적으로 힘든데 돈은 안 되니까. 제 개인적인 체감으로 인쇄 단가가 20~30년 전이랑 크게 다르지 않아요. 물가상승률만큼 오르기는커녕 차이가 거의 없는 거예요. 20년 전에는 인쇄 가격이 1도마다 5,000원씩 했어요. 4도를 찍으면 2만 원인 거죠. 그런데 지금도 1도 가격이 5,000원이에요. 인쇄량이 많아지면 3,000원까지 떨어져요. 오히려 내려가는 거죠. 왜냐하면 인쇄 기계가 고속화되고 안정적으로 바뀌면서 인쇄 효율성이 높아졌거든요. 또 인쇄 업체가 많이 생기면서 경쟁도 심해졌고요.

근데 문제는 품질이 좋아지는 만큼 인쇄기는 더 비싸지고 원재료비도 계속 오르고 있어요. 인쇄기 감가상각이나 원재료비 생각하면 단가도 더 올라야 되는데 그렇게 안 되는 거죠. 제가 20~30년 전에 인쇄업계에 들어왔을 때 급여를 300만 원씩 받았어요. 그때 평균 월급이 50~60만 원 정도였는데 저는 그보다 훨씬 많이 벌었어요. 그래서 제가 결혼할 때만 해도 인쇄하는 사람들이 이 일로 충분히 먹고 산다는 말을 들었어요. 그런데 지금도 인쇄일 하는 사람들 350만 원 정도 받아요. 물가상승률 고려하면 지금 500~600만 원은 받아야 되는데 말이죠.

코로나 이후 택배 박스 주문 물량이 많다고 하던데, 여기 있는 인쇄 기계로 박스 인쇄는 못 하나요?

할 수는 있어요. 근데 우리가 주로 취급하는 종이는 책에 어울리는 얇은 고급 아트지인데, 택배 박스는 두꺼운 종이예요. 인쇄기에 얇은 종이를 돌리다가 두꺼운 종이를 돌리면 기계에 무리가 가서 더 빨리 고장이 나요. 그래서 얇은 종이만 취급하거나 두꺼운 종이만 취급하거나 둘 중 하나를 선택해서 인쇄기를 사용해야 기계를 더 오래 사용할 수 있어요. 물론 박스 인쇄를 아예 하지 않는 건 아니에요. 박스 인쇄 주문도 한 번씩 들어오거든요. 얼마 전에도 박스 인쇄 주문이 들어와서 해줬는데 그 박스는 좀 얇으니까 한 거예요. 일반적인 택배 박스는 우리가 인쇄한 박스 종이의 2배 정도 더 두꺼워요. 택배 박스 주문은 인쇄기 수명을 위해서라도 받을 수가 없죠.

인쇄소는 출판사와 구체적으로 어떻게 다른가요?

출판사는 보통 인쇄를 하는 데가 아니라 콘텐츠를 기획하고 발굴하는 곳이죠. 인쇄 업체는 그 콘텐츠를 종이로 활자화하는 곳이고요. 그래서 대개 출판사가 인쇄 업체에 하청을 주는 관계가 형성돼 있어요. 근데 하청을 줄 때 인쇄 부수가 적으면 우리도 재미가 없죠.

대구출판산업단지 쪽으로 이전하는 걸 생각하신 적이 있나요?

아뇨. 없습니다. 그쪽으로 가려면 몇 개 업체가 연합해서 가야 돼요. 규모가 큰 업체만 들어갈 수 있으니까요. 우리처럼 작은 업체는 가기 힘들어요. 게다가 인쇄골목에 인쇄 공정을 소화할 수 있는 여러 업체들이 모여 있다 보니 다른 데로 가기도 어렵고요.

인쇄골목이 재개발된다는 이야기를 들으신 적이 있나요?

여기도 구역별로 15년 전부터 재개발된다는 이야기가 도는 곳도 있고 아직 그런 말이 없는 데도 있어요. 아직 구체적인 게 없어서 잘 모르겠네요.

향후에 인쇄골목은 어떻게 변할까요?

일단 우리부터 인쇄가 재미없어요. 더 이상 할 수가 없죠. 여러 사정상 인쇄 단가가 오르기 힘들 것 같으니까요. 그나마 한 번씩 기대하는 건 입찰을 따는 건데, 그것도 자주 되는 게 아니고 많이 남지도 않아요. 우리도 2년 전에 4천만 원짜리 입찰이 된 적이 있었는데 한 1천만 원 정도 남았어요. 코로나 이후에는 관공서마다 인쇄 물량이 더 줄면서 단가도 같이 떨어졌어요. 이런 입찰도 실적이 쌓이지 않으면 하기 힘들어요. 이건 우리만 그런 게 아니라 인쇄골목에 있는 다른 업체들도 마찬가지일 거예요. 아마 인쇄골목에 있는 인쇄 업체 상당

수가 앞으로 문을 닫지 않을까 생각합니다.

인터뷰에 응해주셔서 감사합니다.

3

"여기 인쇄소끼리 뭉치면 웬만한 인쇄는 다 돼요"

아성 씨링 프리텍 대표 유영수

인쇄 업계에서 30년 내공을 쌓아 올린 인쇄 부부의 이야기이다. 처음에 인터뷰를 요청을 드리니 머쓱해하며 부담스러운 분위기가 돌던 시간이, 본격적인 이야기가 시작되고서는 인쇄골목의 숨겨진 이야기를 들을 수 있는 시간으로 바뀌었다.
인터뷰에는 부부가 모두 참여했는데 편의상 여성 대표와 남성 대표로 표기하고자 한다. 남성 대표께서는 인터뷰 중간에 참여하는데, 남성 대표께서 인터뷰에 참여하는 시점부터 '여성 대표', '남성 대표'라고 명시하고자 한다. 그전까지는 '여성 대표'의 인터뷰 내용이다.

이 일을 언제부터 시작하셨나요?

저희들은 여기서 1990년부터 인쇄업을 시작했죠. 1989년에 주택을 개조해서 점포를 만들었어요. 그땐 이 동네에 인쇄 업체가 그렇게 많지 않았어요. 저희가 아마 네 번째로 인쇄기를 들여놓은 집일 거예요. 그 이후엔 남산동에 인쇄 업체가 많이 생겼어요. 인쇄 업체가 한창 생길 때 저희가 점포를 소개해 주기도 했어요. 계산동 쪽은 그때 점포 비용이 비쌌으니까 남산2동 쪽으로 와서 많이 오픈을 했죠. 동산동에 있던 업체들도 점점 밀리고 밀려서 여기로 왔어요. 지금 있는 여기는 2005년에 새로 지어 들어온 곳이고요.

출근이나 퇴근 시간이 정해져 있나요?

예전에는 24시간 일할 때도 많았는데, 지금은 보통 9시에 출발해서 보통 밤 11시나 12시에 끝나요. 일이 많으면 퇴근 시간은 없죠.

인쇄골목의 변화를 누구보다 잘 경험하셨겠네요.

그렇죠. 1990년대에 한창 인쇄 업체가 생기고 2010년 전까지는 저녁에도 불 켜진 집들이 많았어요. 근데 지금은 저녁 10시에 한 번씩 산책하러 나가 보면 전부 캄캄해요. 우리 집만 문 열려 있어요. 2004년쯤에는 이 동네에 재개발 이야기도 나왔어요. 근데 저는 거기에 반대를 했어요. 왜냐하면 인쇄골목에서 인쇄 업체를 운영하는 대다수의 사람들이 세입자이자 영세업자예요. 그때 당시 여기 재개발 들어가면 업체를 다른 곳으로 이전해야 하는데 그러기가 쉽지 않았어요. 인쇄골목에 모인 영세업체들이 힘을 합쳐 인쇄에 관한 모든 공정을 다 처리할 수 있으니까 가치가 있는 거지, 뿔뿔이 다 흩어지면 혼자서는 살아남을 수 없죠. 그래서 제가 재개발에 반대하는 200여 명의 서명을 받아서 중구청에 제출했어요. 그러다가 2010년대 들어서서 재개발 이야기가 다시 나왔고 조합도 만들어진 걸로 알고 있어요. 만약 인쇄골목이 재개발 때문에 사라지면 우는 사람들도 많을 거예요.

요즘은 상황이 어떤가요?

예전에는 경리도 있고 기사도 있었는데 IMF 터지기 전에 다들 개인적인 사정 때문에 스스로 그만뒀어요. 그때부터 지금까지 우리 부부가 모든 일을 처리하고 있어요. 원래는 저희도 출판단지(대구출판산업단지)로 이전하려고 했는데, 거기는 우리 정도의 업체가 들어가기에는 규모가 크더라고요. 물론 저희는 약간의 여유가 있기도 하고 건물도 저희 소유여서 업체 규모를 키울 수도 있어요. 근데 그렇게 하려면 금전적 투자랑 직원 고용만으로 끝나는 게 아니라, 교육도 필요하고 일도 해야 하고, 정신적으로 신경 쓸 게 너무 많더라고요. 게

다가 지금은 입찰 단가도 최저에 맞춰져 있고 수주 단가도 오히려 내려가고 있어요. 경기도 너무 안 좋고요. 그리고 여기 재개발 이슈도 있어서 언제 업체를 이전해야 될지 알 수 없죠.

인쇄골목이 만일 재개발에 들어가면 대구출판단지로 이전할 수 있는 업체가 많지 않겠네요.

네. 저희 규모로도 못 들어가는데 저희보다 더 작은 업체들도 너무 많거든요. 게다가 인쇄골목에서 인쇄 업체 운영하시는 사장님들의 70% 이상이 60대에서 70대 초반이에요. 젊은 사람들이 거의 없어요. 젊은 사람들은 대부분 기획 업체를 차려서 콘텐츠를 편집하고 디자인해서 인쇄 업체에 하청으로 넘기는 일을 하죠. 실질적인 인쇄 기술을 가진 사람들이 고령화돼 있어요. 진짜 이 골목이 재개발에 들어가면 이곳에 있는 대부분의 업체가 문을 닫거나 다른 동네 주택가로 흩어질 수밖에 없어요. 대부분이 세입자니까요. 자기 소유 건물에서 운영되는 업체는 15개 업체밖에 안 될 거예요.

다음 질문부터 남성 대표께서 인터뷰에 참여했다.

그런데도 통계 자료를 보면 남산동 인쇄 업체가 꾸준히 증가하고 있는 것으로 보이는데, 어떻게 생각하시나요?

여성 대표 아마 기획 업체가 많이 생겨서 그런 것 같아요. 지금 이 골목에 인쇄 기계 들여와서 운영하는 새 업체는 거의 없어요.

남성 대표 기획은 책상하고 컴퓨터만 있으면 되잖아요. 별다른 투자 없이 영업만 잘해도 충분히 먹고살 수 있으니까 그쪽 업체가 많이 늘어난 것 같아요. 이건 좀 푸념이긴 한데, 우리 같은 사람들은 몇억 원씩 투자해서 시설 들여놓고 일하는데, 일감은 사무실에 컴퓨터만 있는 그런 기획 업체에 다 들어가요. 출판단지에도 인쇄 업체보다 출판이나 기획 업체가 더 많은 걸로 알고 있어요. 그쪽에서 기획한 콘텐츠를 책으로 만들어야 할 때는 인쇄골목으로 넘어오거든요. 저도 출판단지로 이전할까 하는 생각도 했었어요. 저는 입찰 노하우도 있고 일거리를 가져오는 영업도 어느 정도 되니까 출판단지로 가볼까 하는 마음이 들기도 했죠. 근데 실질적으로는 여기 있는 인쇄소끼리 뭉치면 웬만한 인쇄는 다 돼요. 인쇄골목에는 각 인쇄 공정에 해당하는 업체들이 다 있으니까.

어떤 공정의 업체를 운영하시나요?

여성 대표 주로 스티커를 인쇄하는데요. 여기에는 평판, 윤전기, 오프셋 인쇄기, 접착 인쇄기가 있죠. 오프셋 인쇄기는 기계 자체가 다른 인쇄기랑 달라요. 이건 차례대로 색깔이 입혀져 나오는 기계거든요. 스티커 용지가 들어가면 주르륵 현상되듯이 색깔이 입혀져 나오는 거예요. 보통 4도* 인쇄를 해요. 접착 인쇄기는 고급 인쇄기라서 5도, 6도 인쇄가 가능해요. 기계가 돌아가면서 컬러 인쇄를 하는 거죠. 책 인쇄를 하는 기계랑은 달라요.

남성 대표 이 시설에 투자한 것만 해도 10억 원입니다. 진짜 옛날에 10억 그러면 주식회사 수준이었는데, 지금은 이것도 아니고 저것도 아니고 참 애매해요.

* 4도는 네 가지 색을 의미한다. 참고로 1도는 한 가지 색, 2도는 두 가지 색이다.

인쇄골목에서의 매출은 주로 관공서에서 나오나요?

여성 대표 　아뇨. 개인이 주는 일감도 있어요. 명함이나 전단지, 봉투 인쇄가 많이 들어오죠. 가게나 사업체를 오픈하려면 이런 것들이 꼭 필요하니까요. 조금 큰 데는 쇼핑백 인쇄를 의뢰하기도 해요.

인쇄골목에 있는 각 업체들이 홍보하는 경우도 있나요?

여성 대표 　홍보를 하죠. 대구경북인쇄조합이 있어요. 거기서 내는 책 지면에 우리가 어떤 인쇄를 하는지 홍보를 하는 거죠. 또 인쇄와 관련된 물품도 그 책에 다 있어요. 그런 방식으로 홍보를 하죠. 연간 몇억씩 들여 그 책을 발행하는 걸로 알고 있어요. 그냥 가만히 있으면 아무런 홍보가 안 되죠. 어떻게든 자기가 뭘 하고 있는지 알려야 돼요.

남성 대표 　홍보도 홍보지만 지금은 웬만한 규모의 시설 투자가 아니면 인쇄업을 할 수가 없어요. 자본이 없으면 이 일을 할 수 없는 구조가 돼가고 있어요. 기획 능력이랑 영업 능력만 되면 기획 업체를 차리는 게 더 낫죠. 실제 인쇄는 하청을 맡기면 되니까.

이대로 가면 인쇄소를 운영하는 영세 업체는 점점 없어지겠네요.

남성 대표 　없어지겠죠. 근데 규모가 큰 업체는 살아남고 소규모 업체는 없어질 거예요. 대신 기획·영업만 하는 업체는 더 늘어날 가능성이 커요.

정부나 지자체의 지원 사업은 없나요?

여성 대표 　인쇄보다는 주로 기획이나 출판 쪽에 지원 사업 종류가 많은 걸로 알고 있어요.

남성 대표　정말 도와주려면 인쇄 기계가 있는 인쇄소에도 지원을 해줘야 돼요. 인쇄소에 지원을 해줘야 인쇄라는 기술도 보전이 되고 발전이 있어요. 저만 하더라도 우리 아들이 인쇄업을 잇겠다고 하면 반대할 수밖에 없어요. 계속 반복하는 말이지만 웬만한 자본이 없으면 이 일 해서는 기계값도 벌기 힘들어요. 차라리 외곽 쪽 큰 부지에 공장 세워서 기획 · 영업하는 사무실만 만들고 나머지 공간은 인쇄소에 세놓는 게 더 낫죠. 부지랑 건물 비용 빼면 기획 · 영업은 2~3천만 원만 투자하면 시설 맞출 수 있거든요. 인쇄기만 해도 몇억, 심지어 몇십억, 몇백억 하는데, 그 돈을 부지랑 건물에 투자하는 게 더 나을 수 있다는 거죠. 그래서 요즘은 젊은 사람들이 기술을 안 배우려고 해요. 예전엔 인쇄 기술만 있으면 어떻게든 살아남을 수 있었어요. 인쇄 기술이 그때는 고급 기술이었으니까. 근데 지금 젊은 사람들한테는 인쇄 기술에 대한 전망이 불투명하죠. 처음에는 직원으로 일해도 되지만 나이가 들면 자기 사업체를 차려야 될 수도 있는데, 큰 자본이 없으면 이 시장에 진입할 수 없도록 시장 구조가 바뀌고 있으니까요. 이제 모든 산업이 그렇게 가고 있듯이 인쇄도 돈이(장비가) 기술을 대체하는 시절이 온 거예요. 저처럼 기술 있는 사람들은 덜 좋은 인쇄기로도 더 좋은 장비를 가지고 있는 인쇄소보다 일을 더 잘할 수 있어요. 근데 이제는 인쇄 기술의 가치가 점점 떨어지고 있어요.

여성 대표　인쇄업에서 가장 중요한 건 기술자들인데요.

정부나 단체 차원에서 인쇄 기술자를 양성하려는 노력이 있지는 않았나

요?

남성 대표　예전에 인쇄기능기술자 관련 자격증을 만들자는 이야기도 나왔어요. 그런데 실제로는 시행을 못 했어요. 그런 자격증이 있다면 젊은 사람들도 자격증을 따려고 할 텐데. 제가 젊었을 때 그런 말이 나돌다가 지금은 쑥 들어갔죠.

인쇄 기술이 그만큼 어려운 건가요?

여성 대표　인쇄 기계는 익숙해지면 단순해요. 오프셋 인쇄기*는 주로 포 컬러(four color), 그러니까 4도 인쇄를 하는 기계죠. 스티커 인쇄, 로터리 인쇄**, 마스터 인쇄***도 있죠. 미스터 인쇄기는 주로 서식을 찍을 때 많이 사용해요. 근데 요즘은 디지털로 인쇄를 다 하니까 마스터 인쇄기를 다룰 수 있는 기술자가 점점 없어지고 있죠. 예전에 활발하게 사용되던 활판이 없어졌던 것처럼.

남성 대표　이제는 시설이 인쇄의 절반을 차지해요. 시대가 그렇게 흐르고 있어요. 아날로그에서 디지털로 빠르게 변하는 추세니까. 컴퓨터에서 인쇄기로 정보를 전송하면 바로 쫙 출력되잖아요. 근데 그렇게 인쇄하는 게 우리처럼 기술로 하는 인쇄보다 10배는 비싸요. 기계도 비싸고 잉크도 비싸니까요.

---

* 오프셋 인쇄기는 잉크 화상을 고무 블랭킷에 전사하여 간접적으로 종이에 인쇄하는 기계이다. 평판 인쇄기라고 하기도 한다.

** 로터리 인쇄는 롤로 된 용지를 인쇄기에 감아 인쇄하는 방식이다. 전문가가 색상을 맞춰야 하므로 전문성이 필요하지만 그만큼 색상이 견고하게 출력된다.

*** 마스터 인쇄는 인쇄할 원고를 제판기를 이용해 화학 처리된 특수 재질의 종이 인쇄판(Master Paper)에 촬영한 후 그 인쇄판을 인쇄기에 삽입한 상태로 인쇄하는 간접 인쇄 방식이다. 두 가지 색을 사용하는 2도 인쇄를 할 수 있지만, 주로 1도 인쇄를 위주로 적은 부수에 사용하기 때문에 경인쇄라 부르기도 한다.

비싼 기계로 인쇄하면 단가도 비싸질 수밖에 없겠군요.

남성 대표　　당연히 올라가지요. 오프셋 인쇄든 마스터 인쇄든 어느 정도 기술이 필요한 인쇄기가 없어지면 전부 디지털로 가야 되니까 단가도 오를 수밖에 없겠지요. 기존 인쇄기를 다룰 수 있는 기술자도 사라지고 있고 자본으로 인쇄 시설을 마련하는 기업도 늘고 있으니까 손쉬운 디지털 인쇄로 갈 수밖에 없는 환경이 만들어지고 있어요. 제 생각엔 앞으로 10년 뒤면 저 같은 인쇄 기술자는 사라질 거예요.

여성 대표　　진짜 젊은 기술자가 거의 없어요.

남성 대표　　지금은 기존 인쇄에 비해서 디지털 인쇄가 특별히 더 빠르지는 않아요. 그런데도 기계 비용은 더 비싸죠. 저희 집에 있는 인쇄기는 10억만 하면 살 수 있는데 디지털은 40억이에요. 디지털 인쇄 기술이 더 발전해서 압도적인 성능을 낼 수 있으면 몰라도 아직 가성비는 기존 인쇄가 더 좋아요.

인쇄업의 전망을 어둡게 보시는군요.

여성 대표　　맞아요. 이 골목 한 바퀴 돌아보시면 셔터문 하나만 있는 집들이 있어요. 거기는 보통 작은 인쇄기 하나 들여놓고 일을 해요. 셔터문이 4개 있으면 기술자가 한두 명 정도 있고요. 이 골목의 대다수는 셔터문 하나만 있는 업체들이에요. 거의 대부분이 영세하다는 거죠. 저희 아들도 인쇄업 안 물려받으려고 해요. 안 남으니까요. 아들이 여기서 알바한 경험은 한두 달 돼요. 방학 때마다 와가지고 일하는 걸 도와줬죠. 그러면서 대충 알았나 봐요. 아들한테 순이익이 얼만지 안 알려줬는데 아빠가 하는 일에 비해서 벌어들이는 수익이 얼마 안 되는 것처럼 보인 것 같아요. 아들 입장에선 수익에 비해 일이 고되게 느껴진 것 같아요.

남성 대표　　그래서 이젠 일을 많이 안 받으려고 해요. 일을 많이 받으면 제가 다 처리를 못 하니까요. 근데 또 일거리가 많아서 안 받는 것도 아니에요. 다만 이제는 몸이 좀 피곤하다는 거죠. 제가 알기로는 출판단지나 큰 인쇄 공장 빼고는 요즘 들어 저희가 하는 씨링* 쪽 업체가 새로 생긴 적이 없어요. 아까 잠깐 언급했지만 새로 인쇄기를 들이는 업체는 인쇄기를 가진 개인한테 세를 놓거나 여러 사람이 함께 모여 동업하는 업체밖에 없어요. 그런 곳에 모여서 자기 일을 해서 자기가 일한 만큼 이익을 얻는 구조로 돼 있어요. 예를 들어 씨링 기계가 10대 있는 업체면 10대 모두 기계 주인이 다른 거죠. 어쨌든 기계를 가진 업체가 줄어들고 있는 것만은 확실해요.

결국 인쇄업에 새로 들어오는 사람도 없고 투자도 거의 없는 거군요. 그래도 디자인 쪽은 계속 진입하려는 사람들이 있지 않을까요?

남성 대표　　디자인은 있죠. 근데 학교에서 배우는 디자인은 현장이랑은 달라요. 대부분 다 일반 PC(윈도우 기반 PC)로 디자인을 배우거든요. 근데 일반 PC는 가정용이나 사무용으로 많이 써요. 인쇄업 쪽은 대부분 매킨토시를 쓰거든요. 맥 OS 기반 컴퓨터로 디자인하는 걸 배워야 바로 실전에 뛰어들 수 있는데, 그렇게 가르쳐주질 않으니까 현장에 오면 6개월 정도는 따로 교육을 받아야 돼요.

여성 대표　　학원 가든지, 여기서 배우든지 해야죠.

---

* 씨링은 스티커를 말한다. '스티커인쇄조합'이 설립되면서 스티커라는 용어가 어느 정도 공인된 상태지만, 아직도 씨링, 딱지, 라벨 등의 용어가 혼재되어 사용되고 있다.

남성 대표　대구엔 그런 거 가르쳐주는 학원도 별로 없어요. 두세 군데 있나? 그러니까 젊은 사람들이 전부 서울로 가지요. 학교에서 처음부터 현장에서 주로 사용하는 컴퓨터로 수업도 하고 실습도 시키면 좋을 것 같은데 그런 게 안 되는 게 좀 아쉬워요. 물론 일반 PC로 작업할 결과물을 맥으로 옮길 수 있지만 호환이 잘 안 될 때가 있어요. 잘못하면 글자도 틀어지고 색깔도 달라지고 하는 상황이 벌어져요. 우리도 영리 사업을 하는 사람들인데 직원으로 들어온 사람이 맥 사용법을 모르면 돈 주면서 가르쳐줘야 되는 상황이 벌어지는 거예요. 근데 그렇게 다 가르쳐주고 나면 급여를 더 올려준다는 업체로 옮기는 사람도 있어요.

여성 대표　일반 PC랑은 자판이나 단축키도 다르니까, 그것부터 가르쳐야 하는 거죠. 그것 때문에 스트레스를 많이 받아요. 사용하는 컴퓨터 환경으로 보자면 학교에서 배운 내용을 현장에서 20~30%밖에 사용하지 못할 거예요.

남산동 인쇄골목이 전국에서 두세 번째로 크다고 하던데요.

남성 대표　네. 인쇄 쪽은 대구가 많이 큰 편이에요.

여성 대표　처음에는 지금보다 더 컸어요.

남성 대표　예전에는 서울 제외하고 두 번째로 컸어요. 인쇄 물량이 부산보다 더 많았다니까. 특히 씨링 업체들에 주문 들어오는 물량 보면 엄청났어요. 그 당시에 인쇄 물량 그렇게 많았던 이유는 구미공단 때문이에요. 구미 경제가 활황이었을 때는 인쇄 물량 면에서 부산은 대구에 게임도 안 됐어요. 근데 구미 경제가 죽어가니까 인쇄 물량이 급격하게 떨어져 버린 거죠. 이제는 인쇄 물량이 다 경기도로 가고 있어요.

여성 대표　저희 거래처 중 몇 군데도 경기도로 갔어요.

남성 대표　LG 쪽 거래처가 한 열 몇 군데 있었는데 한순간에 다 경기도로 갔어요. 구미에서 다 빠져나가서 이제는 없을 거예요. 구미에 있는 업체들도 이제 대구가 아니라 경기도나 서울에 인쇄를 맡기기도 해요. 20~30년 전에는 인쇄 도안을 손으로 그렸으니까, 구미에 인접한 대구 인쇄골목에 인쇄를 맡겼는데요. 지금은 컴퓨터로 도안을 그려서 넘기면 되니까 지역에 구애받지 않는 거죠. 그리고 예전에는 큰 마음 먹고 시설에 한번 투자하면 10년 이상은 이 기계로 인쇄업을 유지할 수 있겠구나, 하는 계산을 할 수 있었어요. 근데 지금은 살아남으려면 10년 안에 또 다른 아이템이나 기계에 투자해야 돼요. 우리도 지금 RFID 쪽에 투자하고 싶은데 기계가 너무 비싸.

RFID가 뭔가요?

남성 대표　RFID*는 화물을 추적하거나 분류하는 기술이에요. 마치 마트에서 물건 사서 계산할 때 바코드를 인식하듯이, 화물을 그런 방식으로 추적하는 거죠. 우리가 그 인쇄 기술을 도입하고 싶은데 자본 면에서 한계가 있어요.

여성 대표　너무 고단가니까.

남성 대표　RFID는 뒤에 안테나 같은 게 있어요. 옛날에는 금속을 붙였는데 지금은 금속 잉크가 나와서 잉크로 해요. 그리고 1달러 정

* RFID는 'Radio-Frequency Identification'의 약자로 전파를 이용해서 정보를 인식하는 기술이다. 이 기술을 사용하려면 RFID 태그와 RFID 판독기가 필요하다. 인쇄 분야에서 RFID 기술을 도입한다는 것은 RFID 태그 인쇄와 관련이 있다.

도 하는 반도체가 조그맣게 붙어 있어요. 그런 걸 우리가 하려고 하는데 기계는 비싸고 물량도 얼마 안 될 것 같더라고요. 대구에 RFID 수요가 얼만지 조사해 봤는데 대충 20만 장이 나와요. 20만 장 가지고는 기계값도 안 나와요. 게다가 RFID는 서울 업체들이 다 가져가기도 하고요.

RFID 인쇄를 할 수 있는 업체는 다 서울에 있나요?

여성 대표　네.

남성 대표　그렇죠. 사실 RFID는 기계만 들여오면 돼요. 저만 하더라도 기계만 마련하면 기술이 있으니까 금방 적응할 수 있죠. 대구에 있는 20만 장이라도 해야겠다 싶으면 RFID를 할 수 있어요. 근데 그 기계가 80억이나 해요. 너무 비싸죠. 서울 업체들이랑 경쟁하려면 단가를 올릴 수도 없어요. 10년, 20년 해서 본전 뽑을 수 있다는 기약만 있으면 할 수 있는데 그런 게 없어요.

여성 대표　불안한 시장이니까 뛰어들기가 어렵죠.

박스 인쇄는 어떤가요? 코로나 이후에 박스 수요가 폭발했다고 들었는데요?

여성 대표　박스 인쇄는 조그만 업체 한두 군데가 모여서 할 수 있는 게 아니에요. 한 다섯 집은 모여야 돼요.

남성 대표　이 동네에는 박스 인쇄를 하는 데가 거의 없고 대부분 외곽 쪽에 있어요. 박스는 부피가 크니까 박스를 보관할 수 있는 공간이 넓어야 되잖아요. 밖에 보관했다가 비 오면 큰일 나니까요. 기계보다는 창고가 넓어야 하는 게 박스 인쇄예요.

남산동 인쇄골목의 미래는 어떻게 예상하시나요?

남성 대표　　없어져요.

여성 대표　　10년 내에는 없어질 거예요.

남성 대표　　여기 재개발 이슈가 있잖아요. 여기가 재개발구역으로 지정되면 인쇄골목은 당연히 없어지겠죠. 근데 그게 아니더라도 인쇄골목의 규모가 줄거나 없어질 가능성이 커요. 영세 업체도 많고 60대 이상인 사장들도 많아요. 업체 대부분이 고령화돼 있는 거죠. 저도 10년 이상 더 할 수 있을지 모르겠어요. 우리 아들이 물려받는다고 하면 새로운 기계 사고 시설 투자하겠는데 그게 아니니까요. 2세가 이 일을 안 하려고 하는데 어떻게 유지가 되겠어요. 사실 저는 나가려고 하면 어디든 가도 돼요. 땅이 없어서 못 가는 것도 아니고 딴 데로 가려고 하면 얼마든지 갈 수 있죠. 근데 저를 믿고 있는 사람들이 있으니까 그만두지 않는 것도 있어요.

여성 대표　10년 안에 손 놓을 사람 많죠. 나이 든 사람들이 많으니까요.

남성 대표　여기 재개발되면 인쇄골목은 진짜 끝이죠.

인쇄골목에 카페가 많이 들어서고 있던데요.

여성 대표　네, 이 골목에 카페가 많이 들어섰어요. 여기 코너에도 카페 만든다고 공사하고 있고, 저희 세입자도 2층은 업체, 1층은 카페하겠다고 계약서를 새로 썼어요. 지금은 그렇게 한다니까요. 인쇄골목이 이제는 카페골목이 돼가고 있는 거죠.

남성 대표　카페 차리는 사람들도 젊은 사람들이에요. 내 생각엔 힘든 걸 안 할라고 하는 경향도 있는 것 같아요. 아날로그 기술이 큰 의미가 없는 시대가 됐기도 하고요. 이제는 인쇄소든 카페든 기술보다 시설 싸움인 것 같아요. 돈 있는 사람이 치고 나가는 시대가 됐죠.

인터뷰에 응해주셔서 감사합니다.

4

"기계가 바쁘게 돌아가는 것처럼, 인쇄골목도 활기가 돌았으면 좋겠습니다"

OO인쇄출판사

젊은 사람들이라고는 거의 본 적이 없는 남산동 인쇄골목에서 유독 눈에 띄는 젊은 사람을 만났다. OO인쇄출판에서 근무하는 OOO이라는 인쇄인이다. 인쇄골목에서 보기 힘든 젊은 분이라 꼭 이야기를 해보고 싶어서 오랜 설득 끝에 인터뷰를 진행하게 되었다. 인쇄소와 이름은 익명으로 해달라는 부탁을 받고 인터뷰를 진행하게 되었다.

저희가 남산동 인쇄골목을 다니면서 알게 된 사실은 이렇게 젊은 분들을 만나 뵙는 게 쉽지 않다는 사실이었습니다.

사실, 남산동 인쇄골목을 돌아보시면 아시겠지만, 저처럼 젊은 사람은 거의 찾기가 힘듭니다. 대부분 나이가 지긋하시고, 이 업만 거의 20년 이상 하신 분들이 대부분입니다. 보통으로 봤을 때는 단순 기계를 돌리며 진행되는 단순노무직에 대한 인식도 강하고, 그리고 대부분 젊은 친구들은 이런 일을 좋아하지도 않죠. 저는 이곳에서 정규직으로 일하고 있으니 그나마 다행스러운 부분이라고 할 수 있습니다. 그런데 사실, 다른 업종을 지금 찾아보고 고민하고 있는 중이기도 합니다. '평생 이 일을 계속 해야 하나?'라는 생각도 들고, 반대로 '이거 아니면 지금 나가서 무슨 일을 해야 좋을까?' 하고 고민도 들고 늘 복잡한 심경으로 일을 하고 있죠. 기획이나 디자인 쪽 일을 했으면 좋지 않았을까, 라는 생각도 들지만, 저는 전공도 그쪽도 아니었고. 그리고 그쪽 분야에서 일하는 친구들은 대부분 졸업해서 서울로 가더라구요. 대구에서는 그런 디자인 쪽 분야를 크게 인정하는 분위기가 아닌 것 같아요. 저도 처음 일을 시작했을 때는 무척 재미있었습니다. 그런데 현실적인 부분도 무시는 못하더라구요. 일단 월급이 생각보다 많지 않고, 앞으로 결혼도 할 생각을 가지고 있는데 이 월급으로 가능할까, 라는 생각도 들기도 합니다. 보통 제 나이 또래들이 갖는 일반적인 생각을 저도 마찬가지로 하고 있어요.

나이가 드신 분들과 일하는 것에 대해서는 어떻게 생각하시나요? 불편한 점이나 소통에 문제는 없으신가요?

사실 소통이라는 것이 쉽지는 않아요. 왜냐하면 일하는 노하우는 원래 일하시던 분들이 더 많기도 하고, 저도 그분들한테 많은 일을 배웁니다. 그런데 사실 젊은 사람들이 인쇄물을 많이 보겠습니까, 아니면 인터넷을 더 많이 보겠습니까? 물론 저도 인쇄 일을 하고 있지만, 대구는 서울에서 나오는 인쇄물에 비해 질적으로 많이 떨어지고 있는 것이 사실입니다. 심지어는 제가 알고 있는 디자인 전공했던 친구들도 대부분 서울로 가지 대구에서 일하려고 하지 않아요. 왜냐하면 월급도 그만큼 되지도 않고 일도 생각보다 보람 있다고 하는 친구들이 없거든요. 그리고 나이가 드신 분들도 솔직히 지금의 트렌드를 잘 이해하려고 하지도 않고, 그게 우리가 이야기를 해도 먹히지도 않는 부분이 있습니다. 저처럼 직원으로 일하면 더더욱 그런 마음이 많이 드는 것 같아요.

인쇄 일을 어떤 계기로 하게 되셨나요?

원래 저는 터키어를 전공했습니다. 대학 시절에는 터키에도 좀 있었고 나름 전공을 살려 공부를 열심히 했었어요. 그런데 막상 졸업을 하고 사회에 나와보니 터키어로 일자리를 구하기가 쉽지 않더라구요. 그래서 일반 사무직을 가야 하나, 아니면 영업 분야에 가서 일을 해야 하나, 그냥 사업 같은 걸 해볼까 하면서 보통 졸업하고 겪는 그런 고민들을 조금 오랫동안 했던 것 같습니다. 처음 이 일을 하게 된 것은 지인의 추천으로 시작하게 되었습니다. 직장을 구하는 중이었고, 나름 남산동 인쇄골목에 대한 규모나 일들을 보니 재미있어 보이더라구요. 그래서 지금 이렇게 일을 하게 되었습니다. 이제 딱 3년 정도 된 것 같습니다. 그런데 지금까지 길을 가면서, 혹은 음식 배달을 시키면서, 그리고 오가며 접했던 모든 종이로 된 홍보가 이렇게 어렵게 만들어지고 있다는 것을 알고는 무척 놀랐습니다. 무엇을 하나만 보고 쉽게 판단하고 있었다는 생각이 들었죠. 어떤 분야에는 분명히 깊이 있게, 그리고 수많은 사람들의 노고가 들어간다는 사실을 이 일을 하면서 새삼 느끼게 되었어요. 그리고 제 손으로 직접 만든 물건을 길을 가다가, 혹은 우연한 장소에서 발견하게 되면 뭔가 뿌듯한 마음도 들고 그랬어요.

여기는 보니, 다른 인쇄소와 다르게, 출판도 하고 인쇄도 같이 하는 종합상사 같은데요?

네, 맞습니다. 우리 회사는 출판도 하고 인쇄도 같이 하는 종합 인쇄소라고 할 수 있어요. 남산동에서도 출판과 인쇄를 동시에 하는 업체는 그렇게 많지 않습니다. 보통 기획 영업하는 사람들이 따로 있고, 그 사람들이 일거리를 받아 오면 보통 하청을 주면서 일이 진행되는 형식입니다. 그런데 우리 회사는 기획부터 인쇄물까지 한꺼번에 진행을 하는 곳입니다. 그런데 우리 같은 업체도 남산동보다는 분위기 자체가 대구 성서공단 출판단지로 옮겨가는 분들이 꽤 있더라구요. 단지를 만들어서 종합적으로 뭔가를 키우는 건 좋은 것 같은데, 여기 계신 대부분은 영세업자이고 거기 들어갈 비용도 사실 마땅치 않고, 그리고 여기서 거의 20년, 30년을 해오신 분들이 많아서 낯선 곳에 가서 하기 싫어하시더라구요. 그리고 제일 중요한 것은 이 일을 다음 누군가에게는 물려줘야 하는데 2세들도 그렇고 젊은 사람들도 그렇고 하려고 하는 사람이 없다는 말

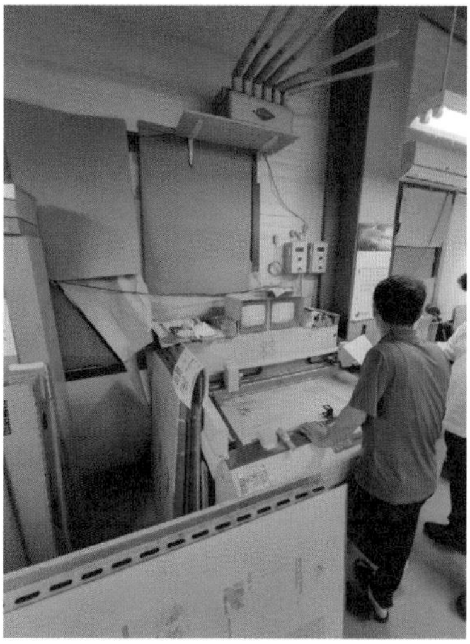

입니다. 그래서 대부분 어르신들이 우리 손 놓으면 여기도 끝나겠지, 라는 말을 자주 듣곤 합니다. 우리 업체 같은 경우도, 잘은 모르겠습니다만, 대표님이 옮기실 마음이 있으시면 여지없이 옮겨야 되겠지요. 그리고 제가 아는 업체 몇 군데는 출판단지로 가지 않고 인근 임대료가 싼 동네로 가신 분도 많습니다.

보통 하루 일정이 어떻게 진행됩니까?

저는 하는 일이 기획팀에서 일이 나오면 그에 대한 행정 업무를 보통 담당하고 있습니다. 그런데 가끔 일손이 부족할 때는 여기 현장에 내려와서 작업도 도와드리곤 합니다. 사실 행정과 생산 모두 하고 있습니다. 보통 일반 사람들이 느끼기에는, 요즘은 다 스마트폰으로 뭔가를 결제하고 자료도 찾아보고 하니깐, 종이 인쇄가 크게 필요하겠나, 라는 생각을 많이 하시는 것 같더라구요. 제 주변 친구들도 '아직도 그런 걸 보는 사람이 있나?' 이렇게 질문하는 친구들이 많거든요. 그

런데 관공서의 캠페인 홍보라든지, 지역 축제라든지, 아니면 회사에서 필요로 하는 브로슈어, 포스터나 기념품에 필요한 문구 등 생각해 보면 엄청 많은 일들이 이루어집니다. 특히 요즘같이 코로나 시국에는 관공서마다 마스크 쓰고 캠페인을 하기 때문에 주기적으로 포스터와 브로슈어 등을 작업하고 있습니다. 평소에 봉투 쓸 일이 잘 없지 않습니까? 봉투 쓰는 경우에는 결혼식이나 장례식장에서 쓰는 게 보통인데, 남산동에는 봉투만 전문적으로 제작하고 만드는 업체도 있습니다. '경북봉투'라고 있는데, 거기는 청와대에도 물건을 납품하고 전국적으로도 알아주는 곳이지요.

일을 하시면서 힘든 점은 무엇이 있을까요?

물건 잘못 나왔을 때는 아, 진짜 난감할 때가 이만저만이 아닙니다. 보통은 글자나 그림을 컴퓨터에 넣고 그냥 프린트하듯이 하면 되는 것 아니냐, 라고 말씀들을 많이 하시잖아요. 그게 공정이 생각보다 엄청 많고 까다롭습니다. 일단 일이 시작되면 규격에 맞는 종이를 재단소에서 받아 와야 하고, 그걸 바탕으로 큰 인쇄 기계들에 글자 및 그림을 입력해서 종이로 출력을 하지요. 그런 다음 그걸 다시 접히는 부분이라든지, 잘라야 되는 부분이라든지 그런 작업 공정을 거치구요. 그러고 난 다음 책이나 보고서 같은 경우에는 제책사로 넘기고, 스티커 등의 제품 등은 도무송으로 넘깁니다. 그런데 이 와중에 글자에 오타가 있다든지, 아니면 중간에 사이즈 변경이 된다든지 하면 일을 처음부터 새로 진행해야 합니다. 그러면 같이 작업을 하던 모든 업체들이 다시 수정을 해야 되는 번거로움이 있지요. 그리고 이미 찍어낸 인쇄물들은 쓸모가 없는 것이 되기 때문에 폐기를 해야 합니다.

그런데 온전히 그게 수익에서 빠지는 거지요. 그렇다 보면 일이 힘들고 지칠 때가 간혹 있습니다. 그래서 상호 간에 소통이 상당히 중요한 일 중의 하나가 바로 인쇄입니다. 제일 중요한 것은 바로 정확도와 선명함이라 생각하거든요.

앞으로 인쇄골목은 어떻게 될 것 같습니까?

제가 생각했을 때는 요즘 보시면 아시겠지만, 인쇄골목 주변에 전부 현수막이 걸려 있어요. 재개발이니 조합원이니 하면서 말이죠. 심지어는 제가 아는 분들 중에서는 소위 말하는 알박기라는 것을 하는 분도 있습니다. 이게 현실입니다. 대부분 여기 분들은 연세가 많으셔서, 그리고 평생을 이 일을 하셨기 때문에 재개발이 되면 다 그만두실 것 같아요. 그런데 젊은 친구들이나 투자를 위해 일부러 들어온 사람들은 다른 목적이 있겠지요. 그런 섞여 있는 복합적인 것들이 지금 남산동 인쇄골목의 모습이라고 저는 생각합니다.

남산동 인쇄골목에 요즘에 카페가 많이 생기고 있습니다. 어떻게 생각하시나요?

좋은 것 같습니다. 저처럼 젊은 사람들은 데이트하기도 좋고, 그리고 만약에 저도 여자친구가 생기면 퇴근하고 바로 만날 수 있으니깐요. 그것도 그렇고 다른 것보다 일하는 사람만 맨날 왔다 갔다 하는 것보다는 가끔 낯선 사람들이나 젊은 사람들이 골목에서 서성일 때 뭔가 골목에 활기가 생기는 것 같습니다. 맨날 보던 사람들만 보면서 일하면 사실 피곤하거든요. 그런데 낯선 사람들이나 젊은 사람들을 보면 뭔가 기분이 새로워집니다. 그리고 그 와중에 우리가 만든 인쇄물을 들고 있다든지, 예를 들어 남산동 인쇄골목 관련 브로슈어나 포스터 같은 것들을 들고 있는 청년들이 간혹 있습니다. 그러면 뭔가 뿌듯하기도 하고 기분이 좋아지는 것도 사실입니다. 사실 저도 카페 창업을 고려하고 있습니다. 주변에 보시면 아시겠지만, 일단 대구에서 가장 큰 동성로와 인접해 있고, 그리고 그 주변으로 요즘에 많이 번화가가 형성되고 있어요. 삼덕동이라든지, 교동이라든지, 동성로 주변으로 많은 번화가가 새로 형성되고 있는 분위기가 있습니다. 그런데 요즘에는 거기에 더해서 남산동도 한몫을 하고 있는 것 같아요. 남산동에 유명한 카페가 또 몇 군데 있거든요? 인스타그램이나 SNS를 보면 '남산동 카페', '남산동 신상 카페' 이런 키워드로 검색을 하면 생각보다 많이 나옵니다. 그리고 그곳을 방문하면 젊은 친구들이 엄청나게 많이 있습니다. 그런 모습을 보면서 저도 '아, 카페를 한번 해볼까?'라는 마음을 가지고 있었죠. 물론 그게 쉬운 일은 아니고, 특히 요즘 같은 시국에는 더욱더 어려운 일이기도 하죠. 물론 자금도 그만큼 있지도 않구요. 그래도 뭔가 욕심이 나고 계속해서 하고 싶다는 생각은 듭니다.

인터뷰에 응해주셔서 감사합니다.

5

“종이도 어떤 옷을 입느냐에 따라 다르죠”

국제라미네팅 공장장 신종민

인쇄골목을 돌아다니다가 '국제라미네팅'이라는 이름의 큰 노란색 간판을 보았다. 간판의 색깔이 너무 강렬해서 꼭 인터뷰를 해봐야겠다는 생각이 들었다. 업체 앞에 다가가니 문에 빨간색으로 코팅 상담이라는 단어가 적혀 있었다. 여러모로 강렬한 느낌을 준다고 생각하며 문을 열고 들어가 인터뷰 요청을 드렸다. 직원분들은 이런 일은 처음인지 약간 당황해하는 모습을 보였지만, 충분한 설명을 드리니 공장장께서 인터뷰를 수락하셨다. 공장장은 근속연수가 20년이 되었다고 말씀하시며 인터뷰를 시작했다.

인쇄골목을 돌아다니면서 '라미네팅'이라고 적힌 간판을 거의 보지 못했는데, 업체가 많이 없나요?

예전에 남산동에는 일고여덟 집 정도가 있었습니다. 근데 지금은 서너 집이 출판단지로 이전하고, 남산동에는 지금 세 집이 남아 있습니다. 길 건너편에 나머지 가게들이 있습니다.

라미네이팅이 어떤 작업인가요?

필름을 풀어서 종이에 바르는 일을 라미네이팅이라고 합니다. 일종의 코팅인 거죠. 작업은 이 두 대의 기계로 진행합니다. 대당 1억 정도 합니다. 라미네이팅 주문이 들어오면 주문된 종이 규격에 맞게 먼저 재단을 하고, 이 종이를 기계 하단부에 삽입을 합니다. 그런 다음 그에 맞는 필름을 기계 롤에 안착시키고 기계를 작동하면 종이가 코팅돼서 나옵니다. 반대로 롤 형태로 된 종이와 필름을 접착한 뒤 마지막에 재단 공정을 거쳐 제품이 나오는 경우도 있습니다. 주문에 따라 작업 방식이 조금씩 다르다고 할 수 있습니다. 또 종이나 필름 재질에 따라서도 코팅하는 방식이 다양합니다. 라미네이팅을 한마디로 말하면 종이에 옷을 입히는 작업입니다. 그리고 재단을 할 때는 재단기를 사용하는데 대부분의 인쇄 업체에서 사용하는 기계죠. 재단만 하는 집이 있기도 하고요.

요즘에는 인쇄 물량이 많이 있는 편인가요?

요즘에는 물량이 거의 없습니다. 옛날에는 많았지만 디지털 기계나 복사 기계도 잘 나오고 하니깐 예전보다는 많이 줄었죠. 보통 선거철에 인쇄 물량이 많아서 장사가 잘될 거라고 생각하지만 인쇄 공정에 따라 다 다르다고 볼 수 있습니다. 특히 우리 라미네이팅 같은 경우는 선거와는 전혀 관련이 없습니다. 선거 특수를 누리지 않아요. 선거 인쇄물은 코팅을 하지 않으니까요. 한 번 보고 버려야 하는 물건이니까 환경 오염을 이유로 코팅을 하지 않는 거죠. 똑같은 이유로 일반 전단지도 코팅을 하지 않죠. 대신에 책 표지나 포스터, 종이 보호가 필요한 종류들만 코팅을 하는 편입니다. 라미네이팅 작업을 거친 종이와 라미네이팅 작업을 안 거친 종이는 만질 때 촉감이 완전 달라요.

인쇄 업체를 돌아다니며 인터뷰를 진행하면서 본 기계들은 독일과 일본 제품들이 많던데, 라미네이팅 기계도 그런가요?

아닙니다. 이 두 기계는 다 국산입니다. 인쇄 기기는 독일산이나 일본산이 많지요. 그래서 수리를 하려고 하면 독일이나 일본에서 사람이 직접 와야 하는 경우가 많죠. 하이델베르크 기기가 고장 나면 독일에서, 미쓰비시 기기가 고장 나면 일본에서 기술자들이 와야 되죠. 그런데 요즘에는 국내에도 관련 기술자들이 꽤 많이 있는 걸로 알고 있습니다. 대구에서 수리가 안 되는 기계들은 서울에서 사람이 와서 수리를 하는 경우도 있죠. 라미네이팅 기계는 국산이 많으니까 해외에서 사람을 불러 수리하는 경우는 거의 없습니다. 요즘에는 가정이나 회사에서도 소량 코팅할 때 쓸 수 있는 코팅기도 많잖아요? 그런 기계들을 만드는 회사가 꽤 있죠. 국내에 한 네 곳 정도 있는 걸로 알고 있습니다.

라미네이팅 주문은 주로 어디서 많이 들어오나요?

주문은 관공서에서도 많이 들어오지만 일반 주문도 많은 편입니다. 책을 만들 때 대부분 코팅을 한다고 보면 되니까요. 예전에 책이 많이 판매되던 시절에는 일이 많았지만 요즘에는 예전 같지 않습니다. 스마트폰도 있고 디지털 도서도 많이 나오고 있으니 상대적으로 주문량이 줄어들 수밖에 없죠. 책 코팅 의뢰도 예전보다는 많이 줄었고요. 책보다는 오히려 옷 살 때 붙어 있는 라벨, 홍보 팸플릿, 그리고 고급 포스터 등이 수요가 훨씬 많은 편이죠. 그냥 일반 종이에 인쇄해서 나오면 질감이나 촉감이 별로일 경우가 많은데, 이렇게 코팅을 하면 촉감도 좋고 상당히 고급스러워 보이기도 하죠.

인쇄골목을 다니다 보면, 지게차가 가게마다 있는 것을 볼 수 있습니다. 이 가게 앞에도 지게차가 있던데, 이유가 있을까요?

종이를 옮기려면 지게차가 있어야 하니까요. 종이 물량이 적으면 굳이 지게차를 가지고 있을 필요가 없는데, 예전만큼은 아니지만 그래도 물량이 적은 편이 아니거든요. 종이나 작업물을 이 업체, 저 업체에서 계속 옮겨 와야 되니까 지게차가 필수적입니다. 인쇄라는 게 공정이 많잖아요. 종이를 지류 업체에서 공급해 주면 인쇄 공정별로 각 업체가 작업을 진행하는 형태로 진행됩니다. 인쇄소 한 곳에서 모든 작업을 다 하기는 어려워요. 업체 규모가 정말 크면 몰라도요. 인쇄골목은 대부분 영세업자들이 많이 모여 있습니다. 그래서 서로 일을 분담해서 하는 경우가 많아요. 그러다 보니 한 공정이 끝나면 다른 공정의 업체로 작업물을 옮겨가는 일이 빈번해요. 우리도 이전의 공정이 끝나서 작업물이 들어오면 그걸 코팅해서 다른 가게에 넘겨주죠.

조금 늦은 오후에는 골목이 조용해서 작업 물량이 많은 줄 몰랐네요.

오후 시간이 넘으면 보통 맡은 일들이 끝나기 때문에 동네가 조용하지만, 아침에는 상당히 분주하고 바쁘게 돌아가지요. 그래서 가끔 지게차 때문에 동네 주민분들한테 민원도 들어오기도 합니다. 차량이 다니는데 지게차가 천천히 움직이고 하면 조금 위험하니까요. 그래서 대부분 가게에서 일부러 복잡한 시간대를 피해서 작업을 하기도 합니다.

이번 인터뷰로 라미네이팅에 대해서 어느 정도 이해를 할 수 있었던 것 같습니다. 마지막으로 한 말씀 부탁드립니다.

특별히 할 이야기는 없고 여기서 제가 20년을 일했지만, 제품이 만들어지고 나가는 걸 보면 참 뿌듯합니다. 그리고 일을 마치고 주말이나 쉬는 날 한 번씩 물건을 사러 갈 때 제가 작업한 결과물을 볼 때가 있습니다. 그럴 때면 '아, 내가 그래도 어떤 도움이 되는 일을 하는구나' 하는 느낌을 갖게 되죠. 모든 일이 그렇지만 대부분의 사람들이 엄청 대단한 일을 한다기보다는 자신이 맡은 작은 일을 해나가는 거잖아요. 그리고 그 일이 다른 사람에게 작은 영향을 미치는 거죠. 앞으로도 그냥 재미있게 지금처럼 일할 수 있으면 좋겠습니다.

인터뷰에 응해주셔서 감사합니다.

국제라미네팅 가게 앞의 모습이다.
지게차와 배달용 작은 용달차가
서 있다.
내일을 위해 잠시 숨을 돌리는 듯한
모습을 담아보았다.

6

“도무송인데, 그냥 인쇄라고 말합니다”

이송도무송

인쇄골목을 다니면서 군데군데 보이던 '도무송'이라는 단어가 생소하게 느껴졌다. 왠지 일본식 발음이거나 일본어가 아닐까 생각했는데, 그 궁금증이 이번 인터뷰에서 말끔하게 해소되었다.

인쇄골목을 돌아다니면서 도무송이라는 이름의 간판을 많이 봤습니다. 도무송 인터뷰는 처음인데 도무송의 뜻이 무엇인지 궁금합니다.

원래 이 도무송 기계를 톰슨이라고 해요. 영국 인쇄기 업체 '톰슨 프레스'*에서 온 말인데 도무송은 톰슨을 일본식으로 발음한 거예요. 우리말로는 '직'**이라고 하기도 해요. 직은 종이를 자른다 뭐 이런 뜻이죠. 그러니까 우리나라 식으로 표현하면 '직'이고, 미국식으로 표현하면 '톰슨'이고, 일본식으로 표현하면 '도무송'인 거죠. 인쇄 업체에서 인쇄를 하고, 라미네이트 업체에서 코팅을 한 다음에 도무송으로 인쇄물이 넘어와요. 예를 들어 박스의 접히는 부분이나 스티커의 모양대로 살짝 잘려진 부분, 또 리플렛의 접히는 부분, 이런 부분을 칼 모양으로 만들어서 따내는 걸 하는 게 도무송에서 하는 일입니다. 인쇄 공정 중 가장 마지막에 해당하는 곳이지요. 단순하게 말하면 칼 따고 오시*** 하고 종이가 오면 사이즈에 맞춰서 판을 짜 작업을 합니다. 일반인은 도무송이 뭔지 잘 모르죠. 제 친구들한테도 도무송 한다고 하지 않고 그냥 인쇄한다고 말합니다. 도무송 한다고 하면 하

---

* 톰슨 프레스는 기본 직선 재단 외에 목형을 제작해 재단하는 기계를 만든 곳이다. 도무송은 톰슨을 일본식으로 발음한 말로 지금은 목형 제작 재단 가공 공정을 의미하는 말로 통용되고 있다.

** 직은 줄이나 획을 세게 한 번 긋는 소리나 그 모양 혹은 종이나 천 따위를 세게 찢는 소리 또는 그 모양을 일컫는 말이다. 그런데 인쇄골목에서는 대부분 '지기'라고 표현하고 있었고, 몇몇 인쇄소는 간판에 그렇게 표기해 두기도 했다.

***오시는 일본어로 'おし'로 표기하고, 종이를 누르는 일을 의미한다.

나하나 다 설명해야 하니까요.

오시가 뭔가요?

예를 들어 책 날개가 접히는 부분을 오시가 들어간다고 합니다. 그러니까 오시는 접히는 부분을 만드는 걸 의미하죠. 책의 경우에는 접히는 부분이나 잘리는 부분이 먼저 만들어져야 제책사에서 책을 붙일 수 있으니까 도무송이 마무리 공정이 아니죠. 하지만 나머지 인쇄물들은 도무송에서 마무리 공정을 담당합니다.

이 일을 어떻게 시작하셨는지, 얼마나 일을 하셨는지 궁금합니다.

20년 정도 됐어요. 제가 올해 50인데. 스물여덟 살에 그냥 알바식으로 배우다가 도무송 기계를 배우다 보니까 여기까지 왔어요. 그때 도무송 기계 몇 개가 있었어요. 하이델, 영신, 아사히 같은 게 있었는데 그중에서 저는 하이델을 배웠죠.

이 기계는 뭔가요?

이쪽에 있는 건 다 톰슨 기계인데, 이 기계는 제일 큰 종이도 작업할 수 있습니다. 전지 사이즈가 1,024인가 1,984인가 그런데 아무튼 큰 종이도 다 들어가요. 또 인쇄물 수량에 따라서도 사용하는 기계가 다릅니다. 수량이 적으면 작은 기계가 낫고,

수량이 많으면 큰 기계가 낫습니다. 한 번 설정을 해 놓으면 기계 스스로 알아서 돌아가니까요.

이 나무판은 어떤 용도로 사용되는지 궁금하네요.

이거는 인쇄물의 접히거나 자를 부분을 찍어내는 틀입니다. 계속 같은 모양을 찍으면 20번이고 30번이고 계속 쓸 수 있죠. 뭐 박스 같은 건 한 번 만들어서 계속 쓰기도 합니다. 근데 책 같은 경우에는 몇 페이지가 늘어나면 간격이 달라지거든요. 또 책등이 달라져도 그 모양에 맞게 새로 만들어야 되죠.

그럼 나무틀도 직접 제작하시는 건가요?

아니요. 이거는 목형집에서 제작해 와야 되는데, 목형집은 따로 있습

니다. 제가 틀까지는 못 만들거든요. 목형에 그릴 칼 선 모양을 제가 보내주면 거기에 맞게 목형집에서 레이저로 합판을 파내요. 그리고 그 부분에 칼을 박는 거죠. 여기 보시면 까맣게 타 있잖아요. 이게 레이저 흔적입니다. 옛날에는 이걸 사람 손으로 직접 다 팠어요. 요즘 들어와서 레이저로 바뀐 거죠. 레이저 흔적에 칼을 박으면 그 자리를 따라서 인쇄물의 접는 부분을 만들거나 절취선을 넣을 수 있습니다. 그러니까 목판을 기계 밑에 장착한 뒤에 종이를 넣고 돌리면 종이에 칼자국이 남지요. 목판 칼에 종이가 눌리면서 흔적이 남으니까. 그걸 따내면 도무송 공정이 완료되는 거지요. 근데 이건 기계마다 달라요. 종이를 밑에 있는 목판 칼에 내려서 누르는 기계도 있고, 칼이 위에서 내려와 종이를 자르는 기계도 있고. 다 달라요.

인쇄골목의 각 업체를 인터뷰하고, 여기까지 와서 알게 된 건데 인쇄 공정이 정말 많군요.

많죠. 근데 이 이야기를 하려면 푸념이 조금 들어가야겠네요. 도무송은 일반인뿐만 아니라 기획하는 사람이나 디자인하는 사람들도 잘 몰라요. 그래서 생각하는 대로 모든 게 쉽게 다 되는 줄 알고 있는 사람들도 있어요. 정확히 말해서 후공정*을 모르는 사람들이 너무 많아요. 대부분은 기획 · 디자인, 인쇄까지만 알죠. 그런데 인쇄 이후에는 도무송 같은 후공정 작업이 쭉 들어가요. 작업 시간도 후공정이 인쇄보다 더 오래 걸립니다. 예를 들어 책을 제작하려면 인쇄 이후에 재단, 코팅, 목형 제작, 도무송, 제책 등이 이루어져야 합니다. 인쇄

* 인쇄 이후 공정을 후공정이라고 한다. 코팅, 목판 작업, 도무송, 제책 등이 후공정에 포함된다.

결과물만 보면 인쇄가 별것 아닌 것처럼 느껴지지만 할 게 정말 많고 고려해야 할 것도 많아요. 제책의 경우에 풀 바르는 작업이 있는데 이건 수작업을 해야 돼요. 이 동네에 풀 바르는 작업을 전문적으로 하시는 어르신들이 있어요. 천 개 정도 풀을 바르면 4~5만 원씩 드려야 하는데, 그걸 부업으로 하시는 분들이죠. 그런 곳이 서너 군데 있어요. 거기에다 종이도 수천 가지나 돼요. 우리도 자주 쓰는 종이만 알지 전부는 몰라요. 모르는 종이가 오면 그 종이에 대한 정보를 알아봐야 돼요. 종이 정보에 따라 설정값을 달리 맞춰야 하니까요. 예를 들면 담뱃갑 만드는 종이는 우리가 쉽게 접하기 힘드니까 그 정보를 찾아봐야 합니다. 인쇄업에 있다고 인쇄 공정에 대한 모든 걸 다 알 수 있는 건 아니에요. 그래서 저는 하청을 주는 사람들한테 될 수 있으면 후공정 작업이 어떻게 이루어지는지 한 번쯤 와서 보고 가라고 해요. 그래야 인쇄 공정이 진행되는 동안에 오해도 덜 생기고 작업 효율도 높아질 수 있으니까요. 그렇지 않으면 서로 이해하지 못하는 일이 생겨요. 예를 들어 기획이나 디자인 단계에서는 책에 오타가 있을 때 고치는 건 쉽습니다. 근데 그 이후 공정에서 수정하려면 실질적인 피해로 다가와요. 왜냐하면 그동안 작업한 걸 전부 폐기해야 되거든요. 우리가 글자를 전부 확인하는 게 아니니까요. 그렇게 재작업해서 손해 보는 일이 수두룩합니다. 실제로 며칠 전에 어떤 행사에서 봉투 작업을 해달라고 했는데 봉투 뒷면에 들어가야 할 글자가 안 들어갔다고 하더라고요. 이건 부분 코팅이 들어가는 작업이었어요. 종이에 인쇄를 해서 거기에 코팅을 하고 도무송 작업까지 다 했는데 그걸 다시 해달라고 하대요. 게다가 수량도 200~300장밖에 안 됐어요. 수량도 적고 돈도 안 되는데 그걸 또다시 하려니까 손해를 볼 수밖에 없지요.

입찰에 참여하시기도 하나요?

1인 사업체는 입찰 자체에 참여할 수가 없어요. 그리고 도무송은 입찰에 참여하지 않아요. 보통 인쇄소에서 입찰에 참여하고 우리는 거기서 일을 받아요. 또 기획하는 사람 자체적으로 입찰 받는 경우도 있어요. 그런 방식으로 일거리를 받아서 일부를 자기 수수료로 떼고 나머지는 각 업체에 맡기죠. 그런 사람들이 관공서에 입찰 받으러 많이 다녀요.

인쇄골목 업체 대표님 중에서 제일 젊으신 것 같네요.

이 동네에서는 좀 어린 편에 속합니다. 다들 연세가 좀 있어요. 여기 말고 출판단지에 가면 젊은 사람들이 좀 있습니다. 거기도 도무송 집이 있어요. 이 골목에서 제가 젊은 축에 들어가는 이유는 아마 이 일이 3D 업종에 가까운데, 돈을 많이 버는 건 아니라서 그런 것 같아요. 게다가 대구는 디자인 쪽도 좀 박봉인 것 같고요. 서울에서는 디자인 쪽에 돈을 많이 준다고 하더라고요. 서울에서 브랜드 로고 하나 만들어주면 몇백만 원 부를 수가 있는데 대구는 몇십만 원 불러도 놀라니까요. 애초에 시장이 다른 거죠. 케이스 도안 만들어줘도 이런 게 10만 원이나 하냐고 되물으니까 젊은 사람들이 여기보단 서울로 올라가려고 하는 거죠. 게다가 여기 재개발 이슈도 있잖아요. 만약에 진짜 재개발된다고 하면 인쇄업에서 손 털고 나갈 사람 많다는 소문도 돕니다. 그래도 도무송 쪽은 인쇄보다는 전망이 조금 괜찮은 것 같아요.

일을 혼자 하시나요?

네. 저는 혼자 일합니다. 혼자 좀 일찍 나와서 좀 일찍 들어갑니다. 보통 아침 7시쯤 되면 나와요. 일이 없으면 늦게 나와도 되는데 일이 있을 때는 일찍 나와서 일하는 게 더 효율적이거든요. 일이 많으면 퇴근 시간은 대중없죠.

요즘은 할 일이 많으신가 보네요.

그렇지는 않아요. 도무송은 그냥저냥 비슷비슷하게 일이 있습니다. 인쇄는 주문 물량이 많을 때도 있고 적을 때도 있어요. 근데 도무송은 인쇄랑은 좀 달라요. 선거철에는 인쇄랑 재단, 중철만 일이 많고 도무송은 크게 일이 없어요. 주로 얇은 홍보 책자나 포스터를 제작하니까 도무송이 끼어들 틈이 없죠. 인쇄, 재단, 중철도 모든 업체가 다 일을 받는 건 아니고 한두 군데만 많이 받아요. 아, 도무송도 지방 선거 때는 일이 조금 생깁니다. 근데 요즘은 대구 쪽 선거 인쇄물도 서울에서 다 받아 가니까 물량이 많지는 않아요. 무소속이 나오면 좀 일이 있을까 합니다. 도무송은 물량이 적으면 인건비도 안 나오기 때문에 한군데로 모아서 작업을 진행하기도 해요. 천 장씩 작업하는 건 수지타산이 안 맞습니다. 수십만 장씩 하면 모를까. 여기도 일을 모아서 하는 곳이 따로 있어요. 보통 명함이나 스티커는 그렇게 작업을 많이 합니다.

인쇄골목이 재개발 지역으로 지정되면 업체를 출판단지로 옮길 생각이 있으신가요?

네. 저는 갈 계획입니다. 몇몇 업체랑 같이 가야지요. 딸랑 이것만 들고 가면 못 먹고 살아요. 그래서 기획, 인쇄, 코팅, 도무송을 묶어서 가야 합니다. 그렇게 안 가면 일거리가 안 들어올 겁니다. 근데 여기 재개발된다고 하더라도 출판단지로 옮길 사람들은 별로 없을 거예요. 나이가 있으신 분들은 일을 그만두시려고 할 거고, 젊은 사람들은 출판단지에서 못 버틴다고 재개발 보상받으면 인쇄 안 한다고 하더라고요. 인쇄골목에는 작은 규모의 업체가 많아요. 그래서 보통은 자기 집에서 처리할 수 있는 적은 물량만 받거든요. 근데 출판단지에 가면 들어오는 물량 자체가 달라요. 게다가 출판단지에 있는 업체들은 인쇄 공정 대부분을 자체적으로 처리할 능력이 있어요. 그러니까 제가 말한 것처럼 여러 공정의 업체를 모아서 가지 않으면 거기서 살아남을 수 없어요. 근데 그렇게 하지 않고 기계 하나만 들고 출판단지로 간다? 과연 그 사람한테 일을 줄까요? 일을 안 줄 가능성이 높죠. 그나마 인쇄골목은 일이 적어도 꾸준하게 들어오기는 하는데, 거기는 영세 업체에서는 감당할 수 없는 물량이 들어오는 겁니다. 그러니까 그냥 보상받고 일을 그만둔다고 그러지요. 인쇄골목이 없어지면 대구에 적은 물량의 인쇄를 해주는 업체도 거의 사라진다고 봐야 합니다. 여기는 몇백 장 주문이 들어와도 다 처리해주는데, 출판단지 업체들은 몇천 장 주문해도 이 정도밖에 안 되냐고 반문할 정도로 규모가 큽니다. 아마 적은 물량의 인쇄는 서울로 다 가겠지요.

인터뷰에 응해주셔서 감사합니다.

7

"인쇄의 꽃은 바로 제책입니다"

한국제책사

인쇄는 다양한 공정의 집합체여서 모든 일을 한 업체에서 하기가 쉽지 않다. 그래서 대부분의 인쇄 공정이 집적돼 있는 남산동 인쇄골목에 수많은 인쇄 관련 업체들이 모여들었던 것이다. 그중에서 책 제작의 마지막 공정을 담당하는 곳이 제책사이다. 한국제책사 대표의 이야기에는 평생을 쌓아 올린 인쇄업에 대한 자부심과 현실적인 고단함이 함께 담겨 있다.

인쇄골목엔 언제 자리 잡으셨나요?

여기 온 지는 한 25년 됐어요. 여기는 제본을 전문으로 하는 곳이죠.

출판사랑은 다른가요?

출판사는 주로 콘텐츠를 발굴하고 기획 · 디자인을 하는 곳이죠. 인쇄까지 하는 곳도 있긴 있어요. 근데 표지랑 책을 붙이는 건 못하니까 우리한테 보내죠. 자기들이 못하는 건 다른 공정에 있는 사람들한테 하청을 주는 거죠. 거기는 우리랑 하는 일이 아예 달라요.

표지도 만들어 주시는 건가요?

우리는 표지는 안 만들어요. 표지도 종류가 굉장히 많잖아요. 대원인가? 거기가 표지를 직접 만들어요. 전문적이죠. 거기 인쇄 기계가 비싸요. 우리는 그렇게 비싼 기계는 없죠.

인쇄기는 다 비싼가요?

천차만별이죠. 신문사에서 신문 인쇄할 때 쓰는 윤전기는 몇백 억 하는 걸로 알고 있어요. 근데 이 동네에 그 정도 인쇄기는 없을 거예요. 출판단지에도 윤전기는 없는 걸로 알고 있어요. 대신 몇십 억짜리 기계는 있는 걸로 알고 있어요.

여기도 기계가 많은데요.

여기도 많죠. 책을 만들어야 되니까. 일단 주문을 받으면 종이가 와요. 그러면 우리가 재단기에 종이를 넣고 책 크기에 맞게 자르죠. 잘라서 종이랑 표지를 붙이는 기계에 넣으면 책이 한 권씩 완성돼서 나와요. 이 기계 문선기라고 그래요. 이것도 비싸요. 저희는 한 10년 썼어요.

비슷한 기계가 또 있는데 서로 다른 건가요?

기능은 같은데, 하나는 두꺼운 책, 그러니까 7cm, 8cm, 쪽수로 따지면 900쪽짜리 책을 만들 때 쓰는 거고, 다른 하나는 그것보다 얇은 책 만들 때 쓰는 거죠. 책 만들 때 종이를 붙여야 되는데 이 기계에 풀이 들어가요. 그리고 한 시간에 대략 600~700권 정도를 완성할 수 있죠. 요즘은 다 이런 기계로 제책을 해요. 예전에는 다 수작업으로 했거든요. 수작업으로 하다 보니까 일은 그때가 많았죠. 하나하나 호치키스(스테이플러)로 찍고 그랬으니까요.

책 만드는 방식이 다양하나요?

다양하죠. 풀로도 붙이지만 실로도 엮어 내지요. 족보나 절에 가면 있는 경전 같은 책은 다 실로 만들어요. 수첩도 종이 바깥쪽에 실로 엮어요. 각 방식마다 사용하는 기계도 다르고 만드는 방법도 다르지요.

인쇄에 관련된 기계를 한 업체에서 다 구비하는 경우도 있나요?

그렇게 하기는 힘들지요. 워낙 돈도 많이 들고, 공간도 많이 차지하고, 각 기계를 돌릴 기술자도 필요하니까요. 업체마다 특출나게 잘하는 게 각기 따로 있으니까, 이렇게 업체별로 모여 있는 게 낫지요. 서로 일감 확인해보고 더 잘할 수 있는 업체에 주지요.

요즘 업체 상황이 어떤가요?

직원이 두 명 있어요. 무지하게 힘듭니다. 제책 단가가 20년 전이랑 똑같아요. 제가 봤을 땐 인쇄업도 사양길로 접어드는 일 같아요. 특히 책 만드는 일감이 많이 줄었어요. 인쇄가 있어야 제책도 있는데 전체적으로 인쇄 일이 줄어드니까 제책 일도 많이 줄었죠. 코로나 때문에 학원도 못 가고, 논문도 옛날에는 100부, 1,000부도 찍었는데 요새는 심사용으로 다섯 부, 열 부밖에 안 찍어요. 그것도 학교 근처 복사집에서요. 결정적인 건 대부분 종이가 아니라 스마트폰으로 정보를 보니까 인쇄가 더 안 될 수밖에 없죠.

그래도 대구 · 경북에 있는 학교에서 주문하는 인쇄 물량이 많지 않나요?

많죠. 그래도 옛날보다 물량은 확실히 줄었어요. 그런데도 단가는 오르질 않아서 애로점이 많아요.

학교 말고 인쇄 주문을 하는 데도 있나요?

관공서도 많이 주문해요. 시 · 도 · 군, 각 교육청 등등 유인물이 나와야 하는 데는 다 하죠. 근데 관공서도 학교처럼 인쇄 물량이 많이 줄었어요. 아마 인쇄에 드는 예산도 줄어든 것 같고 코로나가 닥쳐서 행사도 많이 없어지니까 더 그런 것 같아요. 옛날엔 카탈로그 같은 것도 많이 주문했는데 요새는 없잖아요. 사람이 못 모이니까. 행사나 축제도 못하고.

입찰에 참여는 안 하시나요?

우리는 입찰에 참여 안 합니다. 우리는 개인을 상대로 주문을 받기 때문에 큰 회사나 관공서, 학교 일에 직접적으로 입찰하지는 않아요.

따로 영업할 필요는 없으시겠네요?

그렇긴 한데… 하면 좋지요. 근데 제가 나이가 있어서 하기가 힘들어요.

일하는 시간은 어떻게 되시나요?

우리는 거의 아홉 시에서 여섯 시 반까지 일해요. 옛날엔 밤낮없이 일했어요. 심지어 주말도 없었어요. 근데 지금은 낮에도 일감이 없어서 놀고 있을 때가 많죠. 이거는 어쩔 수 없다고 생각해요. 시대가 지나 기술이 발전하면 그전 기술은 도태되니까요.

다음 질문부터 일하던 직원 한 분도 인터뷰에 참여했다. 대표 인터뷰 내용과 직원 인터뷰 내용은 각각 앞에 〈대표〉, 〈직원〉이라고 표기했다.

이 일을 하면서 기억에 남는 일이 있었나요?

대표　크게 기억에 남는 일은 없는 것 같은데.

직원　제본 잘해줘서 고맙다는 말 들을 때가 좋죠. 근데 제본에 문제가 있다고 클레임을 걸면 그때부터 골치 아파지기 시작해요. 예를 들어 페이지가 거꾸로 들어갔다는 말이 나오면 일을 다시 해야 되니까요. 사실 페이지를 자동으로 정렬해주는 기계가 있어서 웬만하면 그런 일은 없어요. 근데 이게 완전 자동이 아니라 사람이 기계 거치대마다 페이지를 나눠서 올려놔야 되거든요. 어쨌든 사람이 개입하는 거라 집중 안 하면 실수를 할 수도 있어요. 그러면 나중에 다시 해야 되죠. 제본비를 미리 받았는데 제본에서 실수가 나오면 인쇄부터 다 다시 해야 되거든요. 그러면 문제 있는 부분을 고치는 데 열 배의 돈이 더 든다니까요.

페이지를 정렬하는 기계는 어떻게 사용하는 건가요?

직원　　예를 들어 기계 거치대 하나에 30페이지씩 올려놔요. 거치대가 4개면 120페이지가 되는 거죠. 만약에 240페이지를 묶어야 되면, 1페이지부터 120페이지까지 기계를 돌려서 한 묶음으로 모아 놓고, 다시 121페이지부터 240페이지까지 한 묶음으로 만들어요. 그다음에 두 개의 묶음을 하나로 합치는 거죠. 이렇게 합친 묶음을 풀 붙이는 기계에 넣으면 각 페이지들이 서로 붙어요. 그리고 마지막에 표지가 올라와 종이를 감싸면서 한 권의 책이 완성돼요.

그래서 기계로 페이지를 정렬해도 다시 확인하시는 거군요.

직원　　그렇죠. 아까 말했듯이 실수가 나올 수 있으니까요. 처음에 몇 부 뽑아서 페이지 확인하고 올바르게 나오면 계속 돌리는 거죠. 만약에 잘못 들어간 페이지가 있거나 뒤집혀서 들어간 페이지가 있으면 고쳐 배열한 다음에 다시 몇 부 뽑아 봐요. 이렇게 해서 올바르게 나오면 그다음에 기계를 계속 돌리죠. 예를 들어 이 기계에 종이가 최대 400장이 들어가거든요. 그런데 1,000장을 페이지별로 배열하려면 이 기계를 세 번 돌려야 돼요. 그렇게 세 번 돌리고 제대로 배열됐는지 확인하는 거죠.

꼼꼼하지 않으면 기계 사용하기 힘들겠네요.

직원　　맞아요. 꼼꼼한 사람이 해야 되는 것도 맞지만 경력도 어느 정도 있어야 돼요. 그래서 제본한 지 10년 이상 된 사람들이 이 기계를 다뤄요. 왜냐하면 페이지 배열 공정에서 실수가 나오면 다른 공정에서 확인이 안 되니까 바로 손해로 이어지거든요. 특히 컬러로 인쇄된 종이를 제본할 때 페이지 배열에 실수가 생기면 더 큰 손해로 다가오죠. 인쇄부터 다시 해야 하는데 컬러 인쇄비가 비싸니까요. 그렇게 되면 배보다 배꼽이 더 큰 상황에 닥친 거죠.

야근을 할 때도 있나요?

직원　　요새는 야근을 잘 안 해요. 근데 예전에는 보통 겨울에 야근을 했어요. 12월부터 4월까지. 왜냐하면 3월이 신학기니까 겨울부터 대학 교재를 만들어야 했거든요. 대학생이나 대학원생들이 논문 제작도 물량이 많았죠. 또 학교 졸업할 때 문집을 만들기도 했잖아요. 이런 물량들이 겨울에 많이 들어왔죠. 근데 요새는 물량이 많이 줄었어요. 대학 교재나 논문도 예전 같지 않고, 문집은 요새 디지털 형식으로 만들어서 다 돌려요. 그러니까 문집을 책 형태로 만들 필요가 없죠. 아, 예전에는 신입생들한테 주는 교과목 소개 책자도 많이 만들었죠. 근데 지금은 그런 물량이 없어요. 한편으로는 학교 안에 자기들 출판사가 있으니까 거기서 다 하고 있죠.

인쇄골목이 재개발구역으로 지정된다는 이야기가 있던데요.

대표　　재개발구역에 지정되면 이 인쇄골목은 당연히 없어지겠지요. 재개발이 될지 아직 확실하진 않지만. 근데 그게 아니더라도 지금 업체들이 많이 문 닫았어요.

앞으로 언제까지 일을 할 계획이신가요?

대표　　제가 올해 70이거든요. 그래서 요새 부쩍 체력이 떨어졌다는 생각이 많이 들어요. 5년? 10년? 그 정도나 하겠어요? 기업도 보

통 60대가 되면 은퇴하잖아요. 제 친구들은 예전에 벌써 은퇴했어요. 사실 이 일을 아들한테 물려주려고 했는데 아들이 안 하려고 해요. 그러면 이걸 임대해 주든가 해야죠. 우리 직원들이 계속한다고 하면 하라고 해야죠. 젊은 사람들이 많으면 이 일을 물려주는 것도 쉬울 텐데 젊은 사람이 잘 없어요.

인쇄골목에 인쇄 업체 말고 카페가 많이 들어서고 있더라고요.

대표 네. 여기 카페 몇 군데 있어요.

직원 원래도 몇 군데 있긴 했는데 아파트가 들어서니까 더 생기는 것 같아요. 이 동네에 있던 인쇄소도 많이 빠져서 공실이 꽤 있거든요. 그러니까 거기에 카페를 차려요. 주로 젊은 사람들이 그런 곳에다가 카페를 차리죠.

대표 그래, 뭐든 해야지. 빈집을 그냥 놔둘 수도 없고 뭐라도 들이면 되지.

인터뷰에 응해주셔서 감사합니다.

8
“그냥 막 자른다고 재단이 되는 건 아이지”

일선재단소

열려 있는 문 사이로 들어가니 대표께서 방명록에 구멍을 뚫고 있었다. 인터뷰를 요청하자 한번도 해 본 적이 없다면서 손사래를 치셨다. 하지만 오랜 시간 설득한 끝에 인터뷰 허락을 받았다. 방명록 제작을 계속하시면서 인터뷰를 진행했다.

언제부터 이 일을 하셨나요?

제가 올해 예순아홉 살인데, 이 일을 1973년도부터 했으니까 48년, 49년 됐네요.

처음부터 인쇄 일을 해야겠다는 생각을 하셨나요?

그건 아니에요. 처음에는 소주 끓이는 일을 했어요. 그러다가 집안 아저씨가 인쇄 일을 해서 돈을 많이 벌었다는 이야기를 들었어요. 그 말이 귀에 확 꽂혀서 지금까지 오게 됐지요. 근데 실제로는 이 일을 하면서 돈도 많이 못 벌었어요. 73년도에는 아무것도 모르니까 남의 집에서 인쇄 일을 배웠죠. 그러다가 75년에 군대에 갔다가 78년에 제대를 해서 다시 인쇄 일을 시작했어요. 그러다가 조그맣게 제 업체를 차려서 지금까지 이 일을 했지요.

인쇄골목에 대해서도 잘 아시겠네요.

그렇죠. 삼십 한 오륙 년 전만 해도 여기에 인쇄소가 몇 개 없었어요. 작은 업체 몇 개 있었죠. 당시에 큰 인쇄소는 달성공원 옆이랑 동산동에 있었어요. 근데 어느 순간 남산동에 인쇄 업체들이 모이기 시작해서 이렇게 커졌지요. 온갖 인쇄 업체가 다 모였지요. 일반 인쇄소도 있지만 스크린 인쇄*를 전문적으로 하는 업체도 생기고, 금박 인쇄**를 전문적으로 하는 업체도 생겼죠. 근데 여기에 있는 업체도 많이 없어졌어요. 요즘 좀 힘들거든요.

상황이 안 좋으신가요?

네. 조금 힘들어요. 스마트폰이 생기면서 인쇄 물량이 줄었어요. 명함만 봐도 알 수 있지요. 아직 명함을 종이로 만드는 사람들도 있지만 스마트폰으로 대신하는 경우도 많아요. 게다가 지금 인쇄 단가도 70년대보다 더 떨어진 것 같아요. 70년대에는 6천 원, 7천 원씩 받았는데, 지금은 3천 원 받고 있습니다. 그때랑 지금이랑 돈 가치 차이까지 생각하면 단가 차이는 더 나는 거죠. 물론 그때야 수동 기계 한 대 마련해서 여섯 명, 일곱 명이 매달려서 인쇄를 했으니까 인건비가 더 들어갔지요. 지금은 기계가 자동화돼서 인건비는 많이 안 들어가요. 대신 돈 버는 족족 새 기계를 장만해야 경쟁력이 생기니까 실제로 수중에 들어오는 돈은 없다시피 해요. 그리고 이건 제 생각인데 출판단지에 대형 인쇄 업체들이 들어서면서 이 골목이 많이 죽은 것 같아요. 여긴 영세 업체가 많으니까 인쇄 물량이 많으면 이제 출판단지로 주문이 들어가거든요.

새롭게 인쇄 일을 하려고 하는 사람이 없나요?

이 일도 이제 젊은 사람들이 안 배우려고 해요. 지금 이 골목에서 자

* 스크린 인쇄는 나무나 금속으로 테두리를 한 고운 천으로 잉크를 정착시키는 인쇄법이다. 공판 인쇄의 하나로 판화 표지, 인테리어 디자인에 사용한다.

** 금박 인쇄는 금박 종이를 써서 하는 특수 인쇄를 말한다.

기 인건비도 못 가져가는 사람들이 많아요. 하루 종일 있어도 기계 한 번 못 돌리고 퇴근하는 사람들이 많습니다. 그렇다고 일거리가 다 없는 건 아니에요. 일거리가 있는 집은 그냥저냥 되는 것 같아요. 저도 이제 고령이라서 이 일을 그만두고 싶은데 그럴 수가 없어요. 평생 이것밖에 안 했는데 어떻게 그만두겠습니까? 내가 이 일 두고 나온들 뭘 하겠나 이런 생각밖에 안 들어요.

선거철이 되면 바빠지지 않나요?

선거철요? 선거철도 예전에나 잘됐지, 지금은 좀 달라요. 물론 홍보물이나 명함을 사람들한테 돌려야 되니까 어느 정도 인쇄 물량이 나오죠. 근데 선거철이 돈이 된다는 소문을 들은 사람들이 더 좋은 기계 사가지고 단가를 후려치니까 우리 같은 영세 업체 운영하는 사람들은 도저히 경쟁할 수가 없어요. 그래서 차라리 하지 말자, 이렇게 마음먹은 사람들도 있어요. 그리고 선거 홍보물 제작에 며칠 안 줘요. 3일 주나? 3일도 안 주나? 그럴 거예요. 기호 1번이나 2번은 대형 정당이니까 그래도 미리미리 작업할 수 있는데 그렇지 않은 정당이나 무소속은 많은 시간을 주지 않죠. 하여튼 애로사항을 많이 느낍니다.

대표께서 전화를 받은 후 갑자기 방명록 제작 작업을 중단했다.

방명록 제작에 문제가 생겼나요?

아뇨. 지금 하고 있는 일이 예식장 방명록을 엮을 수 있게 구멍을 뚫는 작업인데요, 구멍 위치가 다른 업체랑 조금 다르다고 하네요. 이 일을 우리만 하는 게 아니라 다른 데랑 같이 하고 있거든요. 근데 기준을 정해서 한번 구멍을 뚫었으면 그걸로 계속 기준을 삼아야 하는데 그렇게 안 한 거예요. 쉽게 말해서 견본을 하나 만들었으면 그걸 기준 삼아서 다른 걸 만들어야 하는데, 처음 견본으로 다른 견본을 만들고, 그걸로 또 다른 견본을 만들고 하면서 구멍 위치가 달라진 거예요. 원래 모든 게 그렇잖아요. 하나의 기준이 모든 일의 기준이 돼야 하는데, 그걸 그대로 복제한 기준이니까 맞겠지, 맞겠지 생각하다가 이런 일이 벌어지는 거예요. 근데 많은 사람들이 그걸 이해 못 해요. 제가 한 번씩 그런 말을 해요. 기계를 완전히 믿지 마라, 절대 믿지 마라, 그렇게 이야기해요. 기계를 믿으면 믿을수록 오히려 작업 정밀도가 더 떨어질 수 있어요. 기계도 틀릴 수 있으니까 사람이 한 번 더 확인해야 돼요. 제가 그런 이야기를 하면 일할 줄 모른다고 하는 사람도 있는데 그렇지 않아요. 저한테 만약에 재단기로 종이를 지폐 크기랑 똑같이 자르라고 하면 그렇게 할 수 있어요. 제 눈에는 그것밖에 안 보여요. 만날 그것만 연구했으니까.

전문가인 사장님이 보기에 그럴 수 있겠네요.

그렇죠. 그러니까 다른 사람들 작업하는 걸 보고 조언해 주고 싶은 마음이 생기죠. 요즘은 컴퓨터 만능 시대예요. 다들 컴퓨터로 하면 작업이 아주 정확하게 진행된다고 해요. 근데 제가 볼 땐 아직은 아니에요. 종이라는 게 크기도 다르고, 두께도 다르고, 재질도 다르잖아요. 심지어 보관 상태에 따라서 종이 상태가 달라지기도 해요. 종이를 눈과 손으로 느끼면서 어느 정도는 융통성 있게 작업을 해야 돼요. 이건 컴퓨터가 못하는 일이죠. 컴퓨터는 정해진 대로만 작업을 하니까요. 이런 건 수많은 경험으로 터득해야 하는 노하우인 거예요. 그렇다고 컴퓨터로 일을 하면 엉망이 된다는 건 아니에요. 요즘은 컴퓨터로 작업한 결과물 데이터를 기계로 바로 전달해주는 방식으로 발전했어요. 그건 정말 편하고 효율성도 높죠. 여기 있는 것도 컴퓨터가 들어가 있어요. 이것 덕분에 기계가 돌아가다가도 한 군데서 걸리면 바로 멈출 수 있죠.

그런 기계를 구비하는 건 비용이 많이 드나요?

그건 아닐 거예요. 그냥 그런 시스템만 갖추면 되는 거죠. 컴퓨터랑 기계를 연결하기만 하면 되니까. 이런 시스템이 더 발전하면 인력은 더 쓸모가 없어지겠죠. 그러니까 대형 업체는 나날이 발전하고 소형 업체는 사라지고 있는 거죠. 이제 같이 먹고사는 시대는 아닌 것 같아요. 옛날에는 다 괜찮았습니다. 90년대에는 일거리가 많아서 기계가 밤낮없이 돌아가고 그랬는데, 지금은 서로 물량 맞추기도 어려워요.

이 자리에서 얼마나 있으셨나요?

이 자리요? 저 위에 있다가 여기로 내려왔는데, 그런 지가 23년 정도 됐어요.

재단소와 제책사의 차이는 무엇인가요?

제책사는 종이에 풀을 발라서 두꺼운 책을 만드는 곳이죠. 재단소는 호치케스(스테이플러)로 박을 수 있는 얇은 책을 만드는 곳이에요. 또 신문이나 팸플릿 같이 접히는 부분을 접어주기도 하고, 방금 한 작업처럼 구멍을 뚫기도 하죠. 예식장 방명록의 경우 종이 구멍은 여기서 뜯고 다른 데서 합판 같은 걸 표지로 대는 작업을 하지요.

인쇄골목처럼 인쇄 업체가 한곳에 모여 있으면 무엇이 좋나요?

붙어 있어야 같이 먹고살지요. 뭐든 가까워야 좋아요. 작업물을 갖다 줘야 하는데 멀리 있으면 힘들잖아요.

남산동 인쇄골목이 전국적으로도 큰 규모라고 하던데요.

서울 을지로 4가에 가면 방산시장이 있어요. 그쪽에 인쇄 업체들이 몰려 있어요. 근데 거기도 작아요. 예전에 그 사람들이 이 골목에 와서 여기가 더 크다고 했거든요. 대구 남산동 하면 인쇄로 알아줍니다.

그런데 어떤 분은 10년 안에 인쇄골목이 사라질 거라고 말씀하시더라고요.

맞습니다. 저도 그 말에 동의합니다. 재개발 이야기가 나오고 있기도 하고요. 근데 제 생각에 재개발 이야기가 나와도 반대하는 사람들도 많아요. 모든 게 획일화돼야 한다면 모르겠지만 인쇄골목 자체가 큰 가치가 있는 곳이거든요. 내가 대구에 50여 년을 살았는데 대구가 골목으로는 최고예요. 다른 도시에서는 이상하게 생각하던데, 부속골목, 깡통골목 공구골목, 약정골목 이런 게 대구의 자랑거리거든요. 이런 데를 재개발로 자꾸 없애면 안 되지요. 근데 재개발이 아니더라도 없어질 것 같아요. 인쇄골목은 예전에도 10년 뒤, 20년 뒤가 되면 없어진다는 말이 많이 돌았거든요. 근데 지금은 그때랑 다르게 진짜 없어질 수밖에 없어요. 우리처럼 이 일만 하다 나이 든 사람은 할 수 있는 일이 이것뿐이라 그냥 하고 있는 거고. 우리 세대가 지나면 여기 있는 영세 업체는 다 문 닫는다고 봐야지요. 자식들도 안 하려고 하는데 누구 업체 인수받아서 하려고 하겠어요? 지금도 문 닫고 있는 업체들이 계속 생기고 있어요. 여기 골목에 나처럼 나이 든 사람은 다 그렇게 생각할 거예요.

기계가 발전하는 것도 인쇄골목에서 인쇄 업체들이 사라지는 데 영향을 끼칠까요?

당연하지요. 기계가 발달하면 사람이 하는 일이 그만큼 줄어드니까 인력이 필요가 없어지잖아요. 예전에 우리가 재단할 때는 칼 하나 내리는 것도 정말 기술이 필요했어요. 그때는 업체별 종이마다 어떤 칼을 써서 얼마만큼 내려야 되는지 다 알아야 했어요. 재단도 노하우가 중요하게 작용하는 업종이었지요. 무조건 칼 내린다고 재단이 되는 건 아니거든요. 그건 그냥 자르는 거잖아요. 재단은 주문한 크기에 정확히 맞아 떨어지게, 그리고 깔끔하게 자르는 일이죠. 근데 요즘은 이걸 기계가 다 하는 거지요. 숙련된 작업자가 아니더라도 기본적인 재단은 다 하니까 재단에 노하우를 가진 사람들이 운영하는 영세 업체가 많이 사라지고 있죠.

그런데 통계 자료를 보면 인쇄 업체는 계속 늘고 있던데요.

그런 곳은 다 기획하는 데예요. 기획하는 사람들은 사무실만 있으면 되거든요. 컴퓨터랑 전화기만 갖다 놓으면 되니까 많이 생길 수 있지요. 심지어 층수를 고려하지 않아도 돼요. 사실 어떻게 보면 기획 업체가 많이 생기면서 인쇄 업체들이 조금 힘들어지기도 했어요. 기획 업체는 인쇄 공정별 업체들을 섭외해놔요. 그리고 이곳저곳에서 일거리를 받아 오죠. 그러면 섭외한 업체에 그 일거리를 한꺼번에 풀어 놓는 거예요. 이런 걸 '합판'이라고 하는데 이렇게 하면 필름값, 판값, 인쇄비 모두 절약됩니다. 완전 기성품 스타일이죠. 소비자 입장에서는 비용이 저렴하니까 좋죠. 하지만 기획 업체랑 연결되지 않은 영세 업체는 전부 힘들어지는 거예요. 합판 방식은 특히 씨링(스티커) 인쇄를 할 때 많이 사용해요. 특별 주문 말고는 기성품으로 만든 스티커가 계속 나가거든요. 그래서 이 골목에 있는 씨링 집 대부분이 힘들어해요.

영업과 기획은 돈을 좀 벌 수 있겠네요.

그렇죠. 기획은 하청을 주는 원청 역할을 하기도 하지만 우리는 100% 하청입니다. 그러다 보니 아무래도 기획이 영업만 잘되면 돈을 벌 수 있겠죠.

주로 어디서 하청을 받으시나요?

예전에는 관공서 일을 많이 했어요. 마산시청, 울산시청, 경북도청에서 발주하는 일을 많이 했지요. 물론 제가 직접 주문받지는 않아요. 다른 데서 하청을 받아서 자기들이 할 수 없는 일이거나 골치 아픈 일이면 저한테 주죠. 그러면 제가 받아서 최종 마무리 작업을 하지요. 이 메모지 만드는 작업도 도청에서 발주한 작업이에요. 이거 제가 한 차 해줬습니다. 부산에서도 일거리를 보내요.

인쇄골목에 있는 인쇄 업체가 조금씩 사라지면 오히려 인쇄 단가는 오르지 않을까요?

크게 오르지는 않는다고 봐요. 다만 개인이 소량으로 맡기고 싶은 인쇄 물량을 처리해줄 데가 없어지겠죠. 지금까지 단가 변화 폭을 보면 그대로겠죠. 아, 인쇄 업체가 좀 없어지면 경쟁 업체가 줄어들 테니까 좀 오를 수도 있겠네요.

이 골목에 재단소는 얼마나 있나요?

재단소요? 열 군데 정도 있어요. 회원 가입한 사람들만 이만큼이고 가입하지 않은 사람들도 있어요.

이건 어떤 기계인가요?

이건 종이를 접어주는 기계예요. 종이가 여기에 들어가면 접히죠. 여러 가지 방향으로 접혀요. 대각선으로도 접히고요. 큰 종이를 접는 기계도 따로 있어요.

접는 걸 전부 기계가 하네요?

전부 기계가 다 합니다. 이건 이렇게 3등분 접어주는 건데, 시간 당 만 몇 장씩 나옵니다. 이제 정말 사람이 필요 없어요. 같이 인쇄업 하던 내 친구들은 이제 힘이 없다고 그냥 문 닫았어요.

이런 기계가 없던 시절에 재단을 어떻게 하셨나요?

아까 잠깐 말했지만 내가 제일 처음에 할 때는 종이를 밑에 넣어 고정해 주고 칼을 수동으로 내렸어요. 종이를 고정할 때 힘껏 조여 놓으면 칼이 내려왔습니다. 70년대 초에는 다 그랬지요. 80년대 들어와서 자동 기계가 들어왔습니다. 그리고 여기 있는 컴퓨터가 장착된 기계는 90년대에 들어왔지요. 이걸 내가 97년에 장만했으니까. 이것도 모니터가 있는 기계랑 없는 기계랑 가격 차이가 나요. 새 기계 사려면 천 몇백만 원까지 차이가 날 겁니다. 내가 이 컴퓨터를 몇 년 전에 한 번 교체한 적이 있는데, 그것만 해도 600만 원 줬어요.

인쇄 업체는 아무리 영세하더라도 기계 비용이 많이 들겠네요?

새로 사는 건 많이 들죠. 근데 중고로는 가격이 얼마 안 해요. 일을 그만두고 싶어도 기계를 처리할 수 없으니까 못 그만두는 것도 있어요. 내가 사려고 하면 기계인데 나한테 필요 없으면 고철이 되는 거죠. 그만큼 시중에 기계가 중고로 많이 나와 있어요. 게다가 살 사람도 별로 없어요.

향후에 업체 정리를 하시면 다른 사람한테 물려주실 건가요?

그건 안 될 것 같아요. 내가 안 주겠다는 게 아니라 받을 사람이 없어요. 내 자식은 안 물려받을 거라 그러고. 이미 우리 애는 교편을 잡았어요. 지금 고등학교 선생입니다.

그렇군요. 여기 인쇄소는 없어지고 있는데 카페는 계속 생기고 있더라고요.

그러니까요. 여기 인쇄소는 자꾸 문을 닫고 아파트는 계속 생기니까 카페가 자꾸 들어서는 것 같아요.

인터뷰에 응해주셔서 감사합니다.

9

"인쇄의 핵심은 퀄리티에 있습니다"

월드인쇄 대표 이광석

'빨강머리앤' 출판사 대표의 소개로 '월드인쇄' 대표를 만나 인터뷰할 수 있었다. '월드인쇄' 대표는 인쇄의 역사와 미래, 인쇄 공정에 대해 일반인이 쉽게 접근할 수 있는 매개체가 없어서 좀 아쉽다는 이야기를 하며 인터뷰를 시작했다.

우리한테도 직지가 있지만 사실 전 세계에서 인쇄 기술로 유명한 건 독일이고 그다음이 일본입니다. 달리 말하면 독일과 일본에 인쇄 장비를 전문적으로 연구하고 제작하는 좋은 업체들이 몰려 있는 거죠. 인쇄업은 이런 업체들이 만든 장비를 따라가는 형태를 띠고 있어요. 우리나라에도 이런 장비를 중계해주는 에이전트들이 많다 보니, 기존 장비나 새로운 장비와 관련된 정보가 정말 많이 있습니다. 이런 정보도 잘 정리를 한 콘텐츠도 나왔으면 좋겠네요.

인쇄업은 언제부터 시작하셨나요?

삼십 몇 년 했네요. 처음에 직장생활 하다가 독립해서 인쇄업을 했는데 실패하고 또 직장생활을 했습니다. 그러다가 지금 업체를 차려서 20년쯤 가까이 운영하고 있죠. 이 자리에 온 건 한 10년쯤 됐어요.

출판을 전문적으로 하시나요?

저희들이 사용하는 용어 중에 양지 인쇄라는 말이 있습니다. 책자, 명함, 리플렛 인쇄를 양지 인쇄라고 하죠. 이건 고급 인쇄에 해당합니다. 그리고 패키지 인쇄가 있어요. 박스, 포장지, 스티커 인쇄를 패키지 인쇄라고 합니다. 이건 양지 인쇄만큼 고급스럽지는 않아도 되죠. 이 중에서 저희는 양지 인쇄를 전문적으로 하고 있어요.

인쇄 공정의 전 과정을 여기서 다 처리하시나요?

90% 정도의 공정을 소화할 수 있지만 모든 과정을 다 처리하지는 못합니다. 인쇄 공정이 굉장히 많기 때문에 한 업체에서 모두 소화하는 게 불가능해요. 전 세계적으로 봐도 인쇄의 모든 공정을 처리할 수 있는 업체는 없습니다. 특히 포스트프레스, 그러니까 후가공 공정이 굉장히 많아서 이걸 한 업체에서 다 진행할 수 없죠.

인쇄 공정을 어떻게 나눌 수 있나요?

인쇄 공정은 크게 세 단계로 나눌 수 있습니다. 프리프레스(prepress), 프레스(press), 포스트프레스(postpress)로 구분되죠. 프리프레스는 인쇄할 이미지를 형성하는 과정이고, 프레스는 인쇄하는 과정, 포스트프레스는 인쇄물을 목적에 맞게 가공해 완성하는 과정입니다. 프리프레스의 경우 예전에는 필름을 판에 정착시켜 이미지를 형성했는데, 지금은 필름 없이 판에 바로 이미지를 형성할 수 있죠. 판에 이미지를 형성하는 걸 CTP라고 하는데 이 방법이 가장 많이 쓰여요. 그리고 디지털 인쇄기는 판 없이 인쇄기 자체에 이미지를 형성할 수 있습니다. 프레스는 직접 인쇄와 간접 인쇄로 또 나눌 수 있어요. 직접 인쇄는 판면에서 잉크를 직접 종이에 옮기는 방법이고 간접 인쇄는 판면에서 잉크를 고무 블랭킷에 전사한 후 종이에 인쇄하는 방법입니다. 예전 신문은 직접 인쇄를 했는데 요즘은 간접 인쇄를 하죠. 마지막이 포스트프레스인데 한마디로 이야기하면 제본을 하는 단계인 거예요. 이 단계에 수많은 공정들이 있죠.

코로나로 인한 피해가 있으셨나요?

그렇죠. 코로나 오고 난 뒤부터 양지 인쇄가 엄청난 위기에 몰렸었어요. 많은 분야가 비대면으로 바뀌는 바람에 인쇄 물량이 50%쯤 줄었죠. 반면에 패키지 인쇄는 오히려 코로나 때문에 돈을 많이 벌었어요. 그래서 양지 인쇄를 하던 분들이 패키지 인쇄로 많이 넘어갔습니다. 저도 코로나 기간에 인쇄 물량이 확 줄어서 2년 동안 빚내서 직원들 급여를 줬어요.

코로나 때 관공서 인쇄 물량도 많이 줄었겠네요.

말할 것도 없죠. 제일 많은 인쇄 물량을 주문하는 데가 공공기관입니다. 개인이나 기업보다 공공기관 인쇄 물량이 훨씬 많아요. 코로나 이후로 물량이 많이 줄었다가 지금 조금씩 늘고 있는 추세예요.

인쇄소를 운영하면서 가장 중요하게 여기는 가치가 뭔가요?

퀄리티입니다. 직원들한테도 항상 강조합니다. 자신이 고객 입장이 돼서 찾아갈 수 있을 정도의 결과물이면 출고해도 된다고요. 그 정도 퀄리티가 안 나왔으면 출고하지 말라고 이야기합니다. 그냥 새로 다 다시 하라고 하죠. 또 제품 퀄리티를 높이기 위해 중간 관리자한테 한 가지 요구를 합니다. 직접 모든 일을 처리하려고 하지 말고 직원들 교육해서 일을 시키라고요. 그리고 직원들이 하는 일을 보고 문제가 생기면 바로잡아 주라고 하죠. 예를 들어 한 팀에 직원 4명이 있으면 600%의 일을 해야 되는데, 중간 관리자가 직접 일을 하면 150%, 200%밖에 생산 효율이 안 나오잖아요. 또 그렇게 해야 제가 믿고 전결권을 줄 수 있죠. 중간 관리자한테 권한을 안 주고 대표인 제가 현장에 나가기 시작하면 될 일도 안 돼요. 대표는 사업의 전체적인 모습을 보는 사람이지 실무를 담당하는 사람이 아니거든요. 결국 저는 직원들에게 프로의식과 관리를 강조해서 제품 퀄리티를 철저하게 신경 쓰라고 압박하는 겁니다. 또 제품의 질이 우수해야 높은 단가로 인쇄 의뢰를 받을 수 있습니다. 저는 너무 낮은 단가로는 인쇄 의뢰를 받지 않아요. 저희 고객들한테 대놓고 복수 거래 하라고 이야기합니다. 인쇄 퀄리티가 중요한 인쇄물은 우리한테 의뢰하고, 그렇지 않으면 다른 업체에 의뢰하라고요. 인쇄 단가가 낮으면 제품의 질이 떨어지는 건 당연해요. 단가가 낮으니까 시간당 생산량이 중요해지고, 시간당 생산량이 중요해지면 검수를 할 수 있는 시간도 없어지는 거죠. 아, 한 가지 더 중요하게 생각하는 게 있어요. 바로 기존 고객입니다. 양지 인쇄는 10월부터 3월까지가 가장 바쁜 시기입니다. 이때 인쇄 물량이 엄청나게 몰려요. 이럴 때 저는 기존 고객사의 일을 가장 먼저 배정합니다. 그리고 여유가 있으면 그때 신규 거래처 일을 받죠.

예전과 지금 인쇄골목에 있는 인쇄 업체 수를 비교하면 얼마나 달라졌나요?

인쇄골목이 한창 호황을 누렸을 때는 업체가 2,000개쯤 있었습니다.

인쇄 메카인 을지로 다음 가는 곳이 남산동이었어요. 지금은 을지로도 그렇고 남산동도 많이 쇠퇴했죠. 을지로에 있던 업체들은 파주출판단지로 많이 빠져나가고, 남산동에 있던 업체들은 대구출판산업단지로 빠져나갔어요. 그리고 세분화돼 있던 업체들이 통합돼 중소 업체가 되는 경향이 강해지면서 업체 수가 더 감소했죠. 지금은 인쇄골목에 500~600개 정도의 업체가 있는 것 같아요.

종이 인쇄 시장의 규모가 줄어들고 있는 것도 인쇄 업체 수가 감소하고 있는데 영향을 주지 않았을까요?

그런 이유도 분명히 있어요. 근데 인쇄 산업의 발전이라는 거시적인 측면을 보면 시장 규모 말고 아쉬운 점이 있어요. 인쇄 업체를 운영하셨던 선배님들이 인쇄가 지식 산업의 하나라는 관점을 조금만 더 견지해 주셨더라면 어땠을까, 하는 생각이 들어요. 예전에 인쇄인들 사이에서 인쇄는 지식 산업의 근간이라는 인식이 널리 퍼져 있었거든요. 그런데 어느 순간 영리를 최고의 가치로 여기기 시작하면서 우리나라 인쇄 산업의 발전이 더뎌진 것 같아요. 협력보다는 개인의 이익을 위해 일을 하게 되니까요. 더 큰 문제는 발전이 느려지다 보니까 인재 양성도 안 되고 인력 수급도 불안정하다는 거예요. 지금 인쇄업 자체가 외국인 노동자가 어느 정도 들어와야 유지될 수 있어요. 작은 업체야 운영자가 직접 일을 하니까 문제가 안 되지만 직원을 둬야 하는 업체들은 인력 부족을 늘 겪습니다. 물론 부가가치가 높은 산업과 비교하면 급여나 복지 혜택이 부족하니까 인재가 쉽게 인쇄업에 진입하지 못한다고 생각해요. 이게 악순환입니다. 개인의 이익을 사업의 최우선 가치로 두면 인쇄 산업이 발전하지 못하고, 발전이

멈추면 산업의 가치가 떨어지고, 가치가 떨어지면 영업이익이 감소하고, 영업이익이 감소하면 직원들 급여나 복지 예산을 적게 책정할 수밖에 없고, 그렇게 되면 인쇄 산업으로 인재가 들어오지 않고. 이런 나쁜 고리가 계속 회전하면서 점점 더 악화되고 있는 겁니다.

인쇄골목이 쇠퇴하고 있는 것도 인쇄 산업의 발전이 더뎌진 것과 관련이 있겠네요.

그렇죠. 특히 후배 인재들을 양성하지 못했다는 게 가장 큰 패착입니다. 물론 인쇄 업종이 없어지지는 않을 거예요. 지구가 존재하고 인간의 삶이 지속되는 한 없어지지 않을 업종이 인쇄업이거든요. 그래서 지금 당장은 인쇄업을 시작하는 게 말이 안 되는 것 같아도 20년 뒤에는 달라질 가능성이 크다고 생각하거든요. 인쇄할 사람이 점점 줄고 있는데 나중에 가면 단가가 높아질 수밖에 없지 않겠어요?

오히려 지금보다 70~80년대에 인쇄업에 종사하는 분들의 급여가 높은 편이었다고 하더라고요.

네. 다른 업종에 비해서 결코 적지 않았죠. 근데 지금은 인쇄 단가가 그전보다 내려갔어요. 인쇄 업체가 많이 생기면서 제로섬 게임이 진행됐거든요. 수익을 더 내기 위해서 단가를 서로 내리고 내리다 보니까 지금 오히려 단가가 더 떨어진 겁니다.

인재 양성에 아쉬움을 느끼시는 것 같네요.

네. 우리는 컴퓨터 다루는 사람을 오퍼레이터라고 부르고 인쇄 장비 다루는 사람을 기장이라고 부릅니다. 기장, 곧 캡틴인 거죠. 항공기 만큼이나 최첨단 장비를 다루는 사람인데 기장 말고 뭐라고 부르겠어요. 인쇄 장비 한 대당 몇십 억대, 몇백 억대까지 하는데, 다른 산업이랑 비교해도 이 정도로 비싼 장비가 잘 없잖아요. 이렇게 퀄리티 높은 직군에 사람들이 들어오지 않는다는 건 그만큼 대우를 안 해줬기 때문일 겁니다. 그러니까 인쇄 업계가 어려워질 수밖에 없죠.

아까 인쇄 업체 수 감소 이유 중의 하나로 영세 업체가 중소 업체로 통합되고 있는 현실을 꼽으셨는데, 앞으로 영세 업체는 살아남기 힘들까요?

제가 생각할 때 앞으로 인쇄업을 지속할 수 있는 최소한의 규모는 저희 업체 정도라고 생각합니다. 저희가 25명 정도의 직원이 있는 규모의 업체인데, 저희보다 작은 업체는 사업을 지속하기 어려울 수도 있어요. 제가 인쇄 일을 할 때만 해도 혼자 독립하는 게 가능했는데 지금은 혼자 독립을 할 수 있는 세상이 아니에요. 인쇄 장비가 급속도로 발전하면서 최첨단 산업이 됐거든요.

인쇄골목에 대해 어떤 전망을 가지고 있으신가요?

결국은 사라질 거라고 봅니다. 우리나라 경제가 선진국 반열에 오른 만큼 인쇄업도 선진국과 유사한 형태로 바뀔 거라고 생각합니다. 영세 업체는 사라질 수밖에 없고 어느 정도 규모가 되는 업체만 남게 되겠죠. 왜냐하면 소비자가 영세 업체에 인쇄를 의뢰하려면 업체를 일일이 돌아다니면서 직접 의뢰를 해야 합니다. 각 공정에 해당하는 수많은 업체들을 직접 섭외해야 하는 거죠. 너무 불편하잖아요. 그냥 어느 정도 규모가 되는 업체에 의뢰를 하면 한 번에 끝나는 건데, 그런 불편함을 감수할 필요가 없는 거죠. 제가 20년 전에 몇몇 업체들

한테 통합해서 일을 하자고 제안을 한 적이 있어요. 제가 영업을 맡고 나머지 업체들이 인쇄 공정을 맡으면 일을 효율적으로 진행할 수 있다고 했죠. 그리고 이렇게 해야 살아남는 세상이 온다고 설득을 했어요. 근데 개개인이 생각하는 게 다르니까 설득이 쉽지 않더라고요. 그래서 저 혼자 인쇄 공정이 모여 있는 형태의 업체를 만들 수밖에 없었죠. 지금 인쇄골목에서 성장한 회사들은 다 우리 업체랑 똑같은 비즈니스 모델을 가지고 있어요. 이렇게 보면 영세 업체가 대부분인 인쇄골목은 시간이 지나면 자연스럽게 사라지겠죠.

인터뷰에 응해주셔서 감사합니다.

10

안동 소년,
인쇄골목의 어른이 되다

대양종합인쇄사 대표 남극채

인쇄골목을 거닐 때마다 늘 지나치던 작은 인쇄소가 있다. 바로 '대양인쇄사'이다. 인쇄사라는 간판이 붙어 있기는 했지만, 기계 돌아가는 소리도 들리지 않았고 문도 자주 잠겨 있었다. 폐업한 곳인가 생각하면서 지나쳤다가 마침 문이 열려 있는 모습을 보게 되었다. 열린 문으로 연세가 지긋하신 분께서 가게 안에 앉아 있는 모습이 보였다. 안으로 들어가 인터뷰 요청을 드렸고 오랜 설득 끝에 인터뷰 허락을 받을 수 있었다. 인터뷰 내내 기억을 더듬으며 이야기를 이어나가는 그분의 모습에서 소년 시절로 돌아갔다, 다시 현재로 귀환한 시간여행자의 모습을 발견할 수 있었다.

인쇄기가 없는데 인쇄 일을 하지 않으시나요?

내가 할 수 있는 이야기는 별로 없습니다. 그래도 이야기를 굳이 하자면 몇 년 전에 기계를 다 처분하고, 이제는 그냥 가게에 나와 앉아 있습니다. 집에서 밥만 먹고 앉아 있으면 심심하거든요. 그래서 집에 앉아 있는 것보다 일하는 곳에 와서 있으면 시간도 잘 가고 동네 사람들하고 인사도 하고 점심도 같이 먹고, 그러면 또 재미가 있지요. 그 재미로 지금 이렇게 나와 있는데, 이렇게 또 손님도 찾아와서 이야기도 하고 말이죠.

인쇄 일을 어떻게 시작하게 되셨나요?

나는 원래 고향이 안동입니다. 안동에서 농사를 짓다가 대구로 나왔습니다. 그때 나이가 열다섯 살이었습니다. 지금 제가 여든둘이니까 긴 세월이지요. 참 어린 나이에 돈을 벌어보겠다고 시작했던 일이 바로 인쇄 일이었지요. 제가 처음 왔을 때만 해도 그렇게 많은 인쇄소가 있었던 것도 아니었고, 지금처럼 골목이 만들어지지도 않을 때입니다. 여기 근처에 반월당 쪽에 좀 있었고, 명덕네거리 쪽에 좀 있었고. 인쇄소가 한창 막 생기기 시작할 때였습니다. 그래도 안동 촌에서 내려와서 도시에서 일하는 게 재미가 있었고. 그렇게 인쇄 기술을 배워서 지금까지 오게 됐습니다.

어르신의 이야기를 조금 더 들을 수 있을까요?

제가 일한 지는 오래됐어요. 대구에 60년대 초에 왔으니 오래되었지요. 그때는 인쇄라는 것을 전혀 몰랐을 때였습니다. 사실 대구에 온 이유는 공부를 열심히 하려고 왔지요. 그런데 공부가 잘 안 되니까 일을 배웠는데, 일을 조금씩 배우기 시작한 것이 바로 인쇄 일이었요. 그게 인쇄 인생의 시작이라고 볼 수 있습니다. 제일 처음에는 대구상고 옆에 삼덕인쇄소라는 곳에서 일을 배우기 시작했습니다. 그때 당시 박기삼 씨라는 선배님이 계셨는데 그분 밑에서 일을 배우기 시작했습니다. 그리고 봉산동에 있었던 신흥인쇄소에서 또 근 7년 동안 일을 했었습니다. 그러다가 월급이 조금 적어서 인쇄소를 옮겼었는데, 그때가 인쇄소가 한창 생기기 시작하던 때였지요. 인쇄소의 변동기라 할 수 있습니다. 바로 1970년대 초반이지요. 월급을 조금 더 받고 옮긴 곳이 대구시청 근처에 있던 대한인쇄소라는 곳이었습니다.

그럼 계속 인쇄 일만 하셨나요?

아니요. 그렇게 인쇄 일을 하다가 문득 다른 일도 좀 해보겠다고 인쇄 일이 아닌 일을 찾았습니다. 그래서 찾은 직장이 영주철도였는데 그곳 자재부에서 근무를 좀 했어요. 그런데 또 일을 해보니깐 별 재미가 없었어요. 그러다가 우연한 기회에 제천에 호랑이시멘트라는 회사에 가서 또 일을 좀 했어요. 거기가 정주영 회장이 만든 회사인데 큰 회사였어요. 거기서도 자재부에서 근무를 했지요. 정주영 회장 회사가 좋았던 게 거기는 회사를 지으면 사택이랑 운동장을 만들어 주거든요. 그때는 그게 복지였지요. 그러다가 또 그 일이 조금씩 재미없어지기 시작해서 이번에는 울산 조선소로 직장을 옮겼어요. 그런데 이 일도 재미가 없어서 얼마 하지 못하고 금방 그만두었지요. 막노동 일이라 위험하기도 했고요. 그래서 다시 대구로 와서 인쇄 일을 하게 됐습니다. 그때부터 일을 시작해서 독립도 하고 오늘날까지 같은 일을 하고 있지요. 물론 지금은 기계를 다 처분해서 직접적으로 하고 있지는 않지만요.

기계를 처분하기 전까지 어떤 공정의 인쇄를 하셨나요?

저는 활판 기계를 사용했습니다. 그 기계를 얼마 전에 없앴어요. 이제는 일을 그만하자고 생각하고 있었는데, 마침 광주에서 기계를 샀으면 좋겠다고 연락이 오더라고요. 그래서 2021년에 기계를 들어내고, 그냥 놀기는 좀 그래서 여기는 그냥 사랑방처럼 사용하고 있지요. 못 버리는 것 중 하나가 자기가 배운 일이 아니겠나 싶어요. 먹고 살려면 배운 기술로 돈벌이를 해야 되고, 이 일이 아니면 먹고살 방법이 그 당시에는 없었어요. 요즘이야 경제가 좋아서 그렇다고 하지만 우리 어린 시절에는 내가 못 벌면 바가지를 들고서라도 밥 벌러 다니는 사람이 많았어요.

인쇄 일을 포함해서 굉장히 많은 일을 하셨네요.

그렇지요. 올해 제 나이가 82살인데 참 열심히 살았습니다. 인쇄 기계가 있을 때는 기름도 치고, 활판도 바꾸고 하면서 물건을 막 찍어내면 신났었지요. 옆집 인쇄소나 앞집 인쇄소나 모두들 기계가 돌아가고, 아침도 먹고 점심도 먹고 하다 보면 시간이 참 잘 가거든요. 그러다 보면 계절이 바뀌고 나이도 먹고 인생이 그렇게 지나가더라니깐. 그러고 있는데 이제 일도 점점 떨어지고, 힘도 점점 없고, 그리고 저쪽 출판단지로 가게들이 조금씩 옮겨 가고 하니까 재미가 없더라고요. 별수가 있나요. 기계도 돌릴 일이 점점 없어지니까 처분은 해야 할 것 같았고, 그래서 아까 말한 것처럼, 기계도 팔고 여기서 조용하게 앉아 있다 가지요. 근데 기계가 없으니 재미가 없네.

주로 어떤 인쇄 일을 하는 곳이었나요?

내가 한 일은 글자로 판을 짜서 인쇄하는 거였지요. 주로 잡물 인쇄였어요. 계산서나 영수증, 청첩장 같은 뭐 이런 규모가 작은 인쇄를 했어요. 그리고 활판 인쇄기로는 도무송 일도 조금씩 할 수 있으니깐 기계로 할 수 있는 일은 다 했어요. 저는 활판 인쇄만 했기 때문에 그것 말고는 잘 몰라요. 뭘 좀 보여주고 싶어도 다 버려서 보여줄 게 별로 없네.

인쇄 일을 언제 가장 많이 하셨나요?

2000년부터 2015년까지는 일을 엄청 많이 했어요. 기계 한 대로 하루 종일 돌리면 저녁 10시까지 3만 장, 4만 장씩 찍어내고 그랬지요. 도청이나 시청에서 들어온 일이나 양곡 수매나 전표 만들어 달라는 주문이 들어오면 참 밤낮없이 기계를 돌렸어요. 나는 일을 받아서 하는 입장이라 일이 많을 때는 엄청 많이 했고, 일이 없을 때는 또 그냥 놀았지요. 우리처럼 작은 인쇄소는 관공서에서 일이 나오면 몇 집씩 나누어서 일을 각자 맡아서 완성을 하고 그랬거든요. 이제는 일도 많이 했고, 기계도 없고, 그래서 집에서 밥만 먹고 앉아 있으면 뭐 하나 싶은 생각이 들지요. 그냥 여기 나와서 앉아 있고, 오후 3시 좀 넘으면 다시 집에 가고, 요즘에는 그렇게 지내고 있어요. 나처럼 지내는 친구들이 여기 많아요. 기계는 없고 그냥 사무실만 덩그러니 있고, 집에만 있으면 답답하니 여기 나와 있는 거지요.

지금의 인쇄골목에 대해 어떻게 생각하시나요?

요새는 가만히 보면, 전문적으로 인쇄를 하거나 기획해서 하는 사람들이 많아요. 여기 남산동 골목에서는 경북프린팅이 규모가 제일 크지요. 그 사장님이 예전에 내가 신흥인쇄소에 있을 때, 초등학교 졸업하고 와서 명덕네거리에 있는 봉투집에서 일하면서 배달하고 그랬어요. 그분이 고생 엄청 했어요. 그러면서 지금처럼 큰 회사를 키웠지요. 한강 이남에서 봉투 쪽으로는 두 번째 규모가 될 겁니다. 직원이 90명 정도 되니깐 엄청 큰 규모라고 할 수 있지요. 그래서 아끼지 않고 설비에 투자를 잘해요. 기계도 온종일 돌리고요. 인쇄는 속도전이거든. 그래서 큰 기업이 됐지요. 그 집에는 들어가면 뭐든지 다 됩니다. 또 대보사 박도규 씨라고, 그분 어른 밑에서 우리가 일을 좀 배웠지요. 반월당에 이모식당이라고 있었는데, 그 부근에 인쇄소가 있었거든. 거기서 우리가 일을 좀 배웠지요. 우리가 일할 때 박도규 씨는 대학생이었어요. 대학생이라 그런지 상당히 똑똑했습니다. 일머리도 있고요.

평생을 인쇄 일을 하셨다고 할 수 있는데, 기억에 남는 일이 있을까요?

기억에 남는 일이라…. 기억에 남는 일은 딱히 없습니다. 왜냐하면 이 인쇄 일이 맨날 똑같은 일의 반복이거든. 내가 찍어낸 물건을 내가 보관하고 있는 것도 아니고. 얼마 전에 기계를 없애면서 그나마 있던 물건도 싹 다 정리했거든요. 그리고 나는 그 안에 내용 같은 건 잘 몰라요. 인쇄만 했지, 잘 몰라. 그래도 생각을 해보면 맨날 똑같이 하루하루를 살았던 것 같습니다. 기계가 돌아가는 만큼이나 나도 열심히 살았고, 기계가 없으니 나도 그냥 이러고 앉아 있고, 뭐 그렇지요. 모르기는 몰라도 오늘 이렇게 앉아서 이야기하는 게 기억에 많이 남겠네요. 이런 일이 잘 없거든. 아, 예전에 방송국에서 촬영하고 하는 일들은 몇 번 있었는데, 나한테는 딱히 뭐 물어보는 일은 없더라고요.

마지막으로 한 말씀 부탁드립니다.

이 자리에서 내가 한 20년을 일했고, 대양인쇄소라는 이름도 내가 직접 지었습니다. 처음 일을 배울 때는 먹고살기 바빴고, 다른 도시로

인터뷰가 끝나고 교황 사진이
들어 있는 앨범을 선물로 받았다.
감사의 인사를 하고 문을 나서는
순간을 담아보았다.

가서 이 일 저 일도 좀 해봤는데, 나한테는 인쇄가 제일 맞더라고요. 그래서 열심히 일했고 독립을 해서 여기까지 왔어요. 근데 세월이 참 빠른 것 같습니다. 새벽에 나와서 기계를 돌리고, 밥도 먹고 저녁에도 기계를 돌리면서, 맨날 기계 돌아가는 소리가 돈을 버는 소리로 들렸는데, 기계 소리가 딱 멈추니 돈도 딱 안 들어오네요. 내가 이렇게 인터뷰라는 걸 하면서 생각을 좀 해보니깐, 참 재미있게 일했구나 하는 생각이 드네요. 아무것도 모르고 대구에 와서 공부한다고 했지만, 공부는 안 하고 이렇게 일을 배워 살아왔으니, 뭐 나름 재미있게 산 거지요. 여기 와서 친구도 많이 만나고, 동생들도 많이 만들고 말이지요. 좀 아쉬운 게 있다면, 살아간다고 정신없이 맨날 일만 했었는데, 일 말고 취미도 좀 배워 놓고 다른 소일거리도 좀 할 수 있게 준비해 놨으면 좋았을 텐데, 그게 없어서 아쉽지 뭐. 기계가 있었으면 참 좋았을 텐데. 기계를 보내고 나니 또 섭섭하네.

인터뷰에 응해주셔서 감사합니다.

11

“족보는 이제 누가 만들라 카는지 모르겠네”

대보사 대표 박도규

'족보'라는 말을 듣기 힘든 요즘이지만, 50년 가까이 족보 하나에만 매달려 온 사람이 있다. 바로 대보사의 박도규 대표이다. 박도규 대표는 한국 족보계에서는 이미 유명인이다. 수많은 언론에 출연했던 이력이 있어서인지 인터뷰를 자연스럽게 이끌고 갔다. 이 인터뷰에서 족보를 비롯한 남산동에 대한 알려지지 않은 이야기를 들을 수 있었다.

인쇄골목과 관련된 신문 기사를 보여주시면서 이야기가 시작되었다

이게 인쇄골목에 대한 기사고 근래에는 인쇄골목을 다룬 기사가 별로 없었어요. 옛날에는 인쇄 축제도 하고 〈인쇄하는 사람들〉이라는 잡지도 내고 그랬는데. 제가 〈인쇄하는 사람들〉 최초 발간인이었어요. 월간으로 내는 잡지였죠. 여기 인쇄골목이라는 정체성이 형성됐을 때 '대구 남산 인쇄 협의회'를 만들고 그 단체 두 번째 회장을 지냈어요. 그때 이 잡지를 만들기 시작한 거죠. 그러다가 잡지 발간 업무를 '인쇄협동조합'으로 이관했어요. 지금은 200호가 넘어가고 있죠. 인쇄 축제도 대구시 보조금으로 잘 운영하다가 어느 순간 잘 안되기 시작해서 그만두었죠.

남산동 인쇄골목은 언제부터 형성되었나요?

제가 여기 1985년에 왔어요. 지금 있는 곳 말고 조금 옆쪽에 자리를 잡았죠. 정확하지는 않은데 그때는 인쇄소가 한 열 군데쯤 있었어요. 얼마 없었죠. 남산동에 인쇄골목이 형성된 게 1930년대부터라고 하는 사람들이 있는데 그건 조금 잘못된 정보예요. 1930년대면 대구 인쇄가 겨우 태동했을 때입니다. 그때는 종이 공급도 제대로 안 됐을 때잖아요. 인쇄소는커녕 집도 거의 없었어요. 완전히 벌판이었죠. 1960, 70년대 즈음에 남문시장이 들어서면서 판잣집이 조금씩 생긴 거죠. 그것도 반월당 네거리에 다 있었어요. 그 이외의 장소에는 집이 없었어요. 1950년대가 되면 대구에 인쇄소가 더 생기기 시작해요. 6.25 때 문학인들이 대구에 많이 왔거든요. 대구가 일제강점기 때도 교육·문화 도시로 알려져 있으니까 문학인들이 대구로 많이 온 거죠. 또 한편으로 대구는 인쇄 기술 면에서도 꽤 앞서 있었어요. 활자를 녹여서 활판을 만드는 '영판'이라는 게 있거든요. 그걸 우리 어른(아버지)이 1970년에 시작했어요. 그때 부산에는 영판을 만들 수 있는 업체가 없었을 거예요. 그런 걸 보면 대구 인쇄 기술이 꽤 발전해 있었다는 걸 알 수 있죠.

예전 인쇄소는 정확히 어디 있었나요?

예전에 대구에 돼지골목*이 있었어요. 그쪽 제일 코너에 작은 규모의 활판 인쇄소로 인쇄업을 시작했다가, 마스터 인쇄기를 대구에서 최초로 도입했어요. 그다음에는 오프셋 인쇄기를 들여왔지요. 그때 오프셋 인쇄기는 돈이 많아야 살 수 있었어요. 그래서 저는 제일 작은 기계를 샀죠. 이 인쇄기들을 가지고 일반 인쇄를 하다가 1979년에 족보를 만들어봐야겠다는 생각이 들었어요. 지금은 우리 업체가 족보 전문 업체가 됐죠. 일반 인쇄도 조금씩 하지만 족보, 문집을 전문적으로 만들고 있어요.

* 돼지골목은 6.25 이후 대구 서성로에 형성되어 있었다. 돼지고기집들이 즐비하게 늘어서 있어서 돼지골목이라고 불렸다. 그러다가 상권이 점차 다른 지역으로 옮겨갔고 그 흔적이 서성로와 인접해 있는 북성로의 연탄불고기에 남아 있다.

대표님을 대구 1세대 인쇄인이라고 봐야 할까요?

대구에 인쇄소가 제대로 생기기 시작한 건 1960년대부터예요. 물론 그전에 집안사람 중 한 분이 달성인쇄소를 운영했고, 경북인쇄소도 있었고, 경문사라는 데도 있긴 했었어요. 근데 1960년대부터 인쇄소가 더 늘어나기 시작한 거죠. 그때 그렇게 인쇄를 하셨던 분들이 1세대라고 해야죠. 저는 2세대쯤 될 거예요. 근데 1960년대 중반까지도 인쇄업이 본격적으로 발돋움했던 건 아니에요. 왜냐하면 그때 막 포항제철 만들고, 고속도로 만들고, 삼성이나 현대 같은 기업들이 생기기 시작했을 때니까요. 대구에는 직조 공장 말고는 없었어요. 인쇄라는 게 제조업이랑 함께 성장하는 산업이니까 제조업이 제대로 자리잡기 전에는 인쇄업이 성장하기 어렵죠.

처음부터 인쇄업을 하신 건가요?

아니요. 인쇄업을 하기 전에 저는 현대에서 근무를 했어요. 영남대 상과대학을 나왔거든요. 그런데 일을 오래 못 했어요. 몸이 굉장히 약했으니까요. 그래도 군대는 갔다 왔는데 그것도 집안 어른이 군대를 가야 건강해질 수 있다고 해서 갔어요. 또 그때만 하더라도 군대를 안 가면 출세를 못 한다는 의식이 강했던 시절이에요. 5.16 이후였으니까. 어쨌든 3년 군 생활을 하고 복학한 후에 졸업해서 현대를 갔다가 그만두니까 어른이 인쇄소를 하자고 하시더라고요. 우리 어른도 공무원 생활을 하셨는데, 그만두시고 나서 인쇄업을 하는 게 괜찮겠다고 생각하신 거예요. 근데 어른이 워낙 점잖으신 분이니까 영업을 제대로 못 하시는 거예요. 그래서 제가 영업도 하고 인쇄도 하고 했지요. 사실 원래 저는 국문학이나 한문학을 하고 싶었어요. 근데 그때는 그런 전공을 하면 다 굶어 죽는 줄 알았어요. 심지어 한문학과도 잘 없었어요. 국문학 전공해서 한문을 배워야 할 때였어요. 서지학도 없었죠. 그때는 우리나라 경제가 막 발전하던 시기니까 상과대를 가면 먹고사는 거 걱정없을 거라고 생각했어요.

대구에 언제부터 인쇄소가 이렇게 많이 생겼나요?

1960년대 말에서 70년대 들어서면서 인쇄소가 제대로 운영되기 시작했고, 70년대 말쯤에 인쇄소 수가 빠르게 증가하게 시작했어요. 지금은 인쇄소가 남산동에 몰려서 인쇄골목이 형성됐는데 그전에는 동성로 쪽에 인쇄소가 몰려 있었어요. 정확히는 지금의 중앙파출소 삼거리에서 대구백화점으로 가는 대각선 길. 거기에 인쇄소가 제법 있었어요. 그런데 경제가 성장하고 문화가 발전되니까 유흥업도 덩달아 호황을 맞잖아요. 거기에 갑자기 유흥업소들이 우후죽순으로 생기면서 인쇄 업체들이 밀려나기 시작한 거죠. 1980년 넘어서면서부터 동산동, 그러니까 옛 동산파출소랑 계산성당이 있는 곳에 인쇄 업체들이 자리 잡기 시작했죠. 그러다가 남산동에도 인쇄 업체들이 들어서면서 대구에서 규모가 가장 큰 인쇄골목을 형성하게 됐어요. 근데 아까도 말했지만 제가 들어온 1985년에만 해도 인쇄소는 겨우 10개 정도밖에 없었어요. 80년대 후반부터 급격하게 늘어난 거지.

인쇄골목에 인쇄소가 모여 있는 이유에 임대료 말고 다른 게 있을까요?

한 업체에서 인쇄의 모든 공정을 처리하는 건 어려운 일이에요. 공정이 많은 만큼 시설을 마련해야 되니까요. 그러면 건물 규모도 커져야 되고 그만큼 자본도 많이 들어가야 하는데 리스크가 너무 크죠. 장비만 해도 억대는 그냥 넘기는데 그런 걸 공정별로 다 가지고 있어야 되는 거예요. 저도 처음에는 웬만한 장비를 다 갖고 있었어요. 기획·편집을 할 수 있는 공간, 사진을 분해하고 판을 만들고 그래픽 작업을 할 수 있는 공간, 다 가지고 있었어요. 근데 이게 너무 힘드니까 지금은 소사장들한테 다 넘겼어요. 제가 처음 인쇄 시작할 때는 사람 손이 많이 필요했어요. 인력이 중요했던 거지. 근데 지금은 대부분의 인쇄 공정이 기계화됐잖아요. 그런 만큼 장비 가격도 천정부지로 솟고 있죠. 그러다 보니까 모든 인쇄 공정이 집적돼 있는 인쇄골목이 인쇄 업체를 운영하기에 좋은 환경인 거죠.

인쇄골목 업체 대표님들 대다수가 나이가 많으신 것 같더라고요.

그렇지요. 저도 그렇고 다른 인쇄소도 마찬가지예요. 젊은 사람들이 이 업종에 들어오지 않는 문제도 있고, 사람들이 종이 책이나 족보를 안 본다는 문제도 있고, 인쇄가 디지털로 자꾸 전환되는 문제도 있죠. 게다가 예전과 달리 요즘은 자동화된 기계로 인쇄를 하니까 인력도 별로 필요 없게 된 거예요. 그런 일들이 복합적으로 작용해서 인쇄골목에서 세대교체가 안 되고 고령화가 되고 있는 거죠.

그래서 인터뷰에 응해주셨던 대부분의 대표님들이 자기가 일을 그만두면 할 사람이 없다고 하더라고요.

저도 아들이 있는데 컴퓨터공학을 전공하고 경북대 한문학과로 대학원을 갔어요. 지금은 석사과정 수료만 하고 나왔는데, 이 사업을 안 하려고 해요. 자기 하고 싶은 거 있다고. 아마 다른 곳도 마찬가지일 거예요. 개인적으로 조금 아쉬운 건 족보처럼 한문학도 점점 인기가 사라지고 있는 것 같다는 거예요. 예전에는 우리 회사에서 3년만 근무하면 경북대학교 한문학 대학원에 진학할 수 있는 자격이 주어졌거든요. 또 경북대나 영남대는 3학년, 4학년 때 우리 회사에서 1년 근무하면 학점을 줬어요. 여기서 일하면 한문 실력이 확 늘거든요. 하루 종일 한자만 보고 있으니까. 그래서 협약을 해서 학점이 연계되도록 한 거죠. 근데 지금은 족보 일을 할 사람도, 한문학을 전공할 사람도 없으니까 안 하게 된 거죠.

대보사의 내력을 듣고 싶습니다.

예전에 제가 서성로에 살았는데 그때는 그 동네가 잘사는 동네였어요. 이병철 회장도 우리 집 앞에 살았거든요. 대구 부자들은 거기 다 살았지요. 그런 동네에 있는 집 앞마당에 인쇄기를 두고 2년 반 동안 인쇄 일을 했어요. 인쇄기 돌아가는 소리가 크니까 엄청 시끄러웠겠죠. 그래서 거기 나오면서 동네 한 바퀴를 돌며 동네 분들에게 죄송하다고 인사를 했어요. 그랬더니 동네 분들이 자네 어른 보고 참았다고 하시더라고요. 아까도 말했지만 저는 1975년에 학교 졸업하고 현대에 입사했다가 1977년에 나왔어요. 그리고 그때부터

어른이 하시던 인쇄 일을 이어받아서 했죠. 그때만 해도 활판 인쇄를 하거나 책 만들 때 풀만 붙이면 되니까 다 혼자 할 수 있었어요. 그러다가 마스터 인쇄기랑 오프셋 인쇄기를 들여오면서 본격적으로 족보 제작을 시작했죠. 1981년에는 족보 제작 랭킹이 전국 2위였어요. 중간에 거의 망할 뻔한 적도 있지만 어쨌든 그렇게 대보사를 키운 거죠.

들어오다 보니까 건물 전체가 인쇄기와 족보로 가득 차 있더라고요.

제가 이 건물을 1998년에 지었거든요. 인쇄 공정이 필요한 기계 여러 개를 건물 안에 올려놔도 무너지지 않게 엄청 튼튼하게 지었어요. 지하에는 제본 기계가 있죠. 제본에는 여러 가지 방식이 있어요. 호부장은 풀로 책을 만들거나 철심을 박아서 책을 만든 걸 말하는데, 좀 작은 책을 철심을 박아서 만들죠. 또 종이를 실로 엮어서 책을 만드는 방법이 있어요. 우리 옛날 책은 실을 넣는 구멍이 다섯 개여서 오륜이라고 했어요. 전통 방식으로 제본하는 곳은 이제 경상도에 거의 없어졌어요. 이제 대전 밑에서 이 방식의 제본을 하려면 우리 업체로 와야 되죠. 안동에 있는 국학진흥원 같은 기관이나 봉화, 영주같이 문중이 많은 동네에서 우리한테 일을 맡겨요. 또 학생들도 전통 방식으로 책 만드는 걸 견학하고 가는 경우도 있어요.

정부나 시에서 도움을 받기도 하시나요?

지원을 해줘요. 근데 참 미안한 이야기지만 인천보다 대구가 예산이 적어요. 대구가 인천에 비해 60%밖에 안 되더라고요. 인쇄는 자본이 어느 정도 필요한데 말이죠. 안타깝지만 그래서 대구보다 경남 쪽 일을 더 많이 하고 있어요. 경남이 예산이 더 많거든요.

요즘에는 책으로 된 족보를 보기도 힘들고, 심지어 '족보'라는 단어 자체가 생소하게 들리는 시대인 것 같은데, 어떻게 생각하시나요?

요새는 종이로 만드는 족보보다 디지털 족보가 대세가 되고 있어요. 이런 걸 보면 종이 인쇄가 어느 정도는 사양 산업이 된 건 확실한 것 같아요. 우리만 해도 족보 책 말고 디지털 족보도 만들고 있어요. 근데 디지털 족보를 만들면 수익이 거의 안 남아요. 왜냐하면 지적재산권에 대한 개념이 부족하거든요. 그래서 '에이, 그거 그냥 하나 해주면 되지' 이렇게 이야기하는 사람도 있어요. 요새 젊은 사람들은 좀 다르긴 하지만요. 사실 양적으로나 질적으로나 족보 데이터가 어마어마하거든요. 어떤 족보는 세계기록문화유산에도 등재돼 있으니까요. 제가 족보의 가치를 얼마나 어필하고 다니는지 몰라요. 또 디지털 족보에 몇 가지 문제가 있어요. 족보를 만드는 사람이 저 말고도 몇몇이 있거든요. 근데 각자가 서로 다른 시스템을 구축해서 디지털로 만들다 보니까 정보 공유가 안 돼요. 혹시 폐업이나 다른 이유로 시스템이 통째로 날아가면 데이터가 완전히 사라지잖아요. 그러니까 한곳에 보관할 수 있는 방법이 마련돼야 할 것 같아요. 또 족보 시스템 운영을 전산 업체에 맡기다 보니까 매년 관리비가 올라가요. 예전에 33만 원이던 게 지금은 160만 원인가 그래요. 물론 그러는 이유야 있겠지만 비용이 올라가면 저희도 유지하는 게 쉽지 않죠. 또 보따리 장수처럼 족보 데이터 만들어 놓고 컴퓨터만 들고 다니면서 영업하는 사람들이 있어요. 문제는 그런 사람들 중에서 갑자기 폐업하는 사람도 있고 족보 제작 대금을 받아놓고 도망치는 경우도 있어요. 이

건 돈이 문제가 아니에요. 오늘 오전만 해도 어느 문중에서 걸려온 전화를 받았는데, 족보 제작 의뢰를 받았던 사람이 갑자기 사라졌다는 거예요. 이걸 다시 만들어 줄 수 있냐고 물어보더라고요. 근데 자료가 아예 사라졌는데 어떻게 하겠어요. 그 사람을 찾아서 자료를 받아야 뭐라도 만들지요. 돈이 있어도 자료가 없으면 족보를 만들고 싶어도 못 만들어요. 그래도 예산 지원을 받아서 기존 족보 데이터를 인터넷으로 올리고 있어요. 근데 이런 일은 문중하고도 협의를 해야 되고, 협의가 되면 그때 족보 홈페이지를 만드는 거죠. 홈페이지도 그냥 만들면 안 되고 '사람 찾기', '생년월일 같은 사람 찾기', '성 씨가 같은 사람 찾기' 같은 검색 옵션이 들어가야 돼요. 여기에 또 다른 요소를 찾고 싶으면 그것도 제작해야 되죠. 사실 우리는 나이가 들어서 이런 걸 잘 못해요. 이건 젊은 사람들이 더 잘할 수 있는 거죠.

족보에 대해 한 번도 관심을 가져본 적이 없는 세대가 생겼다는 생각도 드네요.

제가 어렸을 때도 족보에 대한 개념이 없었어요. 정확히 말하면 족보 제작에 대한 개념이 없었던 거죠. 제 친구들도 저한테 '너 아직 족보 하냐', '그거 장사 되겠냐'고 우려 섞인 시선을 보냈어요. 심지어 우리 어른도 '족보 되겠나' 이러셨을 정도예요. 그런데 한동안 족보 제작이 중흥했죠. 어릴 때 그런 말을 한 친구들이 이제 제 고객이 됐어요. 지금 제 나이대에 있는 사람들은 집안 어른, 친구들이 자기를 아는가 하는 개념을 중요하게 여기기 시작했어요. 어떻게 보면 자신의 뿌리로 돌아가려는 회귀본능이 발휘되고 있는 거죠. 젊은 사람들도 제 나이가 될 때쯤에 그런 생각을 할 수도 있어요. 사실 아직까지는 '문

중', '집안' 이런 개념들이 사라지지는 않을 것 같아요. 지금도 산소 안 쓰는 집 없고 정성 들여 벌초도 하잖아요. 또 집안 어른들이 성씨랑 항렬을 묻기도 하잖아요. 반면에 요새 20대들은 족보를 아예 모르죠. 이건 우리 어른들 잘못이에요. 이걸 가르쳐주는 사람이 있어야 뒷세대가 알 수 있는 건데. 그래서 요즘은 접근성을 높이려고 족보를 한글화하기도 해요.

그러고 보니까 예전에는 '뿌리 찾기'라고 해서 집안 내력을 알아보는 활동을 학교에서 했던 것 같네요.

예전에 제가 그때 당시 교육감한테 족보 교육을 제안했어요. 그 이후 20년 정도 족보 교육을 한 거죠. 제가 직접 학교에 가서 교육을 하기도 했어요. 지금은 그런 교육이 초등학교에서 없어졌지요? 아마 이제는 선생님들도 잘 모르니까 없어진 것 같아요. 옛날에는 이력서에 본관을 쓰는 공란이 있기도 했어요. 또 예전에는 본적을 보면 분가해도 형제가 어디에 있는지 다 알 수 있었는데 이제는 분가하면 형제 정보를 찾을 수가 없어요. 등본에 넣고 싶어도 공무원들도 모를 거예요. 그래서 이런 생각이 들어요. 언젠가는 사람들이 족보 때문에 저를 찾으러 올 거라는 생각. 어디 성씨 어느 파, 이런 정보는 거의 아는 사람이 없어요.

족보를 만드는 데 힘든 점은 없으신가요?

우리가 족보를 만들면 몇 년 뒤에 업데이트를 해줘야 하는데 그게 쉽지 않아요. 돈도 많이 들고요. 예를 들어 1년 관리비를 100만 원 달라고 하면 그렇게 하려는 문중도 있고 안 하려는 문중도 있어요. 또 문중에서 족보를 담당하는 사람이 바뀌거나 다른 일이 있으면 우리가 작업해놓은 걸 바꿔야 할 수도 있어요. 게다가 자료가 부족하거나 오류가 있으면 기껏 만들어놓은 걸 다시 고쳐야 돼요. 그리고 족보 제작이라는 게 보통 일이 아니에요. 한자도 알아야 되고 항렬, 촌수까지 다 분석해서 작업을 해야 되는데 웬만한 경험과 능력이 없으면 이 일을 할 수가 없어요. 또 좀 전에 말한 것처럼 디지털로 족보를 제작하는 경우가 늘고 있는데 우리처럼 전산 기술이 없으면 더 힘들어지는 거죠. 그래서 우리가 5억 원을 투자해서 족보 시스템을 만들었어요. 문제는 다른 족보 업체랑 공유하지 못하는 시스템이기도 하고 업데이트나 업그레이드를 하려면 돈이 들어요. 그래서 차라리 정부 기관이나 국학진흥원 같은 데서 족보 시스템을 만들고 관리하면 좋을 것 같은데 그게 잘 안 되더라고요.

족보를 대학교나 기관에 보낸다는 이야기를 들었습니다.

제가 만든 족보는 각 도서관에 다 보내요. 대구에 있는 대학 도서관에도 보내고 중앙도서관부터 서울대까지 쭉 보내죠. 족보 박물관이나 해외민족연구소에도 우리 족보를 보내는데 그러면 하버드대 같은 곳에도 들어가요. 제가 족보 일을 20~30년 해왔는데 만들어진 족보는 거의 다 가지고 있어요. 나중에는 누군가 이런 자료를 가져다 연구하겠지만 지금은 이걸 공부하는 사람이 거의 없는 것 같아요.

언론 기사나 방송에도 많이 나오시는 걸 봤습니다.

많이 나갔어요. 아침마당에도 나가고, 신문사 인터뷰도 나가고, 라디오에도 나갔죠. 족보가 독보적인 콘텐츠니까.

미래에는 종이 인쇄가 사라질 거라고 생각하시나요?

사라지지는 않죠. 옛날에도 종이 인쇄가 머지않아 사라질 거라고 했는데 아직 인쇄기가 돌아가고 있잖아요. 그나저나 이제 족보는 누가 만들려고 할지 모르겠네.

인터뷰에 응해주셔서 감사합니다.

인쇄골목의
안과 밖에서

세 번째 기록

세 번째 기록에서는 인쇄골목 안과 밖에 있는 사람들의 이야기를 담았다. 인쇄골목 안 이야기는 인쇄 업체는 아니지만 인쇄골목 안에 자리한 카페 운영자들의 이야기이다. 그들은 저마다 다른 계기로 인쇄골목에 자리 잡았고, 그래서 인쇄 업체 사람들과는 다른 시선으로 인쇄골목을 바라보고 있었다. 특히 인쇄골목을 활성화하기 위한 방안을 깊이 있게 고민하고 실천하는 그들의 모습에서 활력을 느낄 수 있었다. 인쇄골목 밖 이야기는 출판산업지원센터와 출판사, 그리고 헌책방의 이야기이다. 이들에게서는 인쇄하는 사람들에게서 들을 수 없었던 출판과 출판 지원, 책의 보존에 관한 이야기를 들을 수 있었다. 이번 기록을 읽으면 두 번째 기록인 '인쇄하는 사람들'과는 또 다른 관점에서 인쇄골목과 대구 출판인쇄의 현주소를 볼 수 있을 것이다.

1

대구 지역의 출판을 지원하다

대구출판산업지원센터 센터장 김병주

대구의 출판인쇄산업을 지원하고 있는 대구출판산업지원센터를 찾아갔다. 인쇄골목을 중심으로 대구의 출판인쇄에 대한 기록을 남기고 싶다고 말씀을 드리니 인터뷰 요청을 흔쾌히 수락하셨다. 아래 인터뷰는 김병주 센터장, 이은지 대리와 함께 진행했다.

대구출판산업지원센터 설립 시기와 목적이 무엇인가요?

센터장 대구출판산업지원센터는 2016년 7월에 완공이 되었고, 2017년 1월에 처음으로 사업을 진행하였습니다. 저희 대구출판산업지원센터 설치 근거는 대구광역시 출판산업지원센터 설치 및 운영 조례입니다. 그에 따라서 설립이 된 것이지요. 센터의 주 목적은 대구 지역의 출판산업 육성 및 산업단지의 활성화입니다. 구체적으로 우리 센터는 '출판(기획), 인쇄(생산), 독서(수요)'의 3단계 가치사슬을 활성화하기 위한 다양한 사업들을 지속적으로 추진해, 지역 문화콘텐츠산업 발전의 본보기가 되는 중추 역할을 수행하는 데에 목적이 있습니다.

대구출판산업지원센터의 시설 현황은 어떻게 되나요?

센터장 센터의 시설 현황은 크게 6층으로 공간이 구성되어 있고, 별관은 2층으로 구성되어 있습니다. 주요 시설로는 기업 입주 공간이 20개 실을 운영하고 있고, 협력 레지던스 실이 있습니다. 그리고 북카페, 북키즈, 식당, 다목적홀, 강의실 및 회의실 등이 있습니다.

대구출판산업지원센터의 주요 사업은 무엇인가요?

센터장 대구지역 사업 활성화를 위해서 저희가 주로 진행하고 있는 사업으로는, 대구지역 우수출판콘텐츠 제작 지원 사업, 대구 출판 인쇄 디자인 공모전, 오디오북 제작 지원 사업, 출판 인쇄학교 등의 사업을 진행하고 있습니다. 그리고 대구 출판물 홍보책자 제작이나 출판과 인쇄 관련 컨설팅 등도 운영하고 있습니다. 대구 출판 인쇄 디자인 공모전의 경우, 대구 경북 인쇄 산업 협동조합과 함께 사업을 진행하고 있습니다. 이 사업의 목적 중 하나는 능력 있는 젊은 인재들이 유입될 수 있는 기회가 되기 때문이기도 하고, 기업에게도 160만 원 상당을 지원하고 있습니다. 특히, 근래 출판 인쇄 쪽 관련 디자인의 경우 전공이나 학과들이 많이 사라져가는 추세입니다. 이런 현상에 대한 대안이라고 볼 수 있습니다. 출판 인쇄학교의 경우는 일반인을 대상으로 교육과정을 운영하고 있습니다. 크게 세 가지 교육과정으로 구분이 됩니다. 첫째는 출판사를 창업할 때 어떻게 준비를 해야 하는가에 대한 창업 교육과정, 둘째는 출판 기획 마케팅 교육과정, 셋째는 전자책 제작 과정에 대한 교육과정이 있습니다. 각 과정마다 36시간 정도 진행을 하고 있고, 수강생은 20명가량 모집해서 교육하고 있습니다. 매년 수강생은 모집 마감에 가깝다고 볼 수 있습니다.

이은지 대리 특히 출판 기획 마케팅 교육과정의 경우 7월이나 8월인 여름방학에 진행을 합니다. 그래서 인근에 있는 대학생들이 많이 지원을 하고 있습니다. 대학생들이 마케터 분야에 관심이 많은 것 같더라고요. 창업 교육과정은 어르신들이 많이 수강을 하는 편이고, 출판 기획 마케팅 과정은 대학생들이 많이 참여하고 있습니다. 교육과정을 진행하는 동안에는 실제 출판사 대표님들의 이야기를 직접적으로

들을 수 있기 때문에 많은 도움이 된다고 하더라고요.

센터장 대구 독서동아리 활동 지원 사업도 진행하고 있습니다. 대구 지역의 독서활동 장려와 지역 서점 수요 창출을 위해서 80만 원 상당의 활동비를 지원하고 있습니다. 활동비로 도서를 구매해 독서 모임을 운영할 수 있게 하고 있는 거죠. 그리고 저자를 초청해서 대담회도 열 수 있습니다.

이은지 대리 공간은 따로 제공하지는 않고, 활동비로는 도서 구매만 가능하고, 대구 소재지의 오프라인 서점을 방문해서 구입하도록 되어 있습니다. 그래서 지역 서적 활성화에 조금이나마 도움이 되도록 하고 있습니다. 독서 동아리의 경우에는 마감이 빨리 될 정도로 성황리에 운영 중입니다.

센터장 저희 센터 사업 중에 서가 지원 사업도 있습니다. 작은 도서관이나 마을 도서관 같은 경우에는 책의 양도 많지 않고 예전에 출간된 책들이 거의 대부분을 차지하고 있습니다. 그래서 좀 더 다양한 책을 확충할 수 있도록 지원하고 있습니다. 그리고 대구 시민 도서 구입 지원 사업이라고 있는데, 대구 지역 인증 서점이 180곳 정도가 있습니다. 그 서점에서 대구 시민이 책을 사면 책값의 30%를 할인해서 판매하고 그 할인 금액만큼을 보전해주는 사업입니다. 대신 지역 인증 서점 기준에 충족해야만 이 사업에 참여할 수 있습니다.

이은지 대리 대형 서점의 경우에는 대구 지역 서점 충족 조건이 안 되기 때문에 해당이 되지 않습니다.

대구출판산업지원센터 입주 업체에 대해 어떤 지원을 하고 있으신가요?

센터장 입주 기업과 관련해서는 현재 출판과 인쇄 창업자 분들, 예비 창업자, 그리고 관련 기업을 대상으로 사무실을 제공해 드리고 있습니다. 최대 20개의 사무실이 준비돼 있고, 센터 건물 4층과 5층에 마련돼 있어요.

대구출판산업지원센터나 대구출판산업단지에 업체들이 입주하는 이유가 무엇 때문이라고 생각하시나요?

센터장 업체들이 지원센터에 입주하는 이유는 아무래도 대구 도심지에 비해 임대료가 상대적으로 저렴하고 센터 내에 잘 갖춰진 편의시설 때문이 아닐까 생각합니다. 그리고 같은 업종의 업체가 한곳에 집적돼 있으니까 협력하기도 좋고 효율적인 운영이 가능하기 때문인 것 같습니다. 그러다 보니 실제 입주 문의도 많은 편이고, 현재 입주해 있는 기업들도 연장을 원하는 경우가 많습니다. 현재는 16개 기업이 입주해 있습니다. 작년과 재작년의 경우에는 코로나19로 인해 매출이 다소 감소한 업체들이 있습니다. 그래서 업체들의 임대료를 감면해주는 지원 정책을 마련하기도 했습니다.

남산동 인쇄골목과 함께하는 사업이나 지원이 있나요? 있다면 구체적으로 어떤 게 있나요? 또는 계획하고 있는 사업이나 지원이 있나요?

센터장 아직은 남산동 인쇄골목에 있는 업체들과 관련해서 진행되는 사업이 있지는 않습니다. 하지만 현장 방문을 통해서 업체들의 다양한 의견을 들어보고, 이 내용을 수렴해서 차후에 새로운 사업을 발굴할 계획을 가지고 있습니다.

남산동 인쇄골목이 재개발 지역으로 지정돼 그곳에 있던 인쇄업체들이 한꺼번에 대구출판산업지원센터에 입주 신청을 하게 된다면 어떤 방법으로 수용할 계획인가요?

센터장 남산동 인쇄골목에 있는 업체들은 대부분 큰 인쇄 장비들을 가지고 있어서, 센터 내에 입주하는 일이 사실상 어렵다고 볼 수 있습니다. 대신 센터를 중심으로 한 산업단지가 형성돼 있어서 부지 제공이나 이전, 관리 측면에서 도움을 줄 수 있습니다. 물론 그 전에 해결해야 할 문제가 있긴 하지만요. 다만 이러한 일들은 센터에서 준비해야 할 문제라기보다는 시청에서 수요 조사도 하고 다양한 방법을 모색해야 되지 않을까 싶습니다. 센터에서도 도움을 드릴 수 있는 일이 있으면, 적극적으로 나설 생각입니다.

마지막으로 한 말씀 자유롭게 이야기해주시면 감사하겠습니다.

센터장 지역마다 특화된 이야깃거리들이 있다고 생각합니다. 그래서 물리적으로 지워지기 전에, 또 사람들의 기억에서 사라지기 전에 책으로 출간했으면 합니다. 그리고 그 이야기를 일반인들이 읽고, 또 다른 이야기를 발굴할 수 있었으면 좋겠습니다. 개인적인 노력만으로는 힘들 테니, 저희 센터에서 그런 사업들을 확장해 사업을 기획하고 진행할 수 있도록 노력하겠습니다.

인터뷰에 응해주셔서 감사합니다.

대구출판산업지원센터는
대구 문화콘텐츠산업의
중심에 있다.

2

늘 아름다운 책을 만드는 곳

빨강머리앤 대표 한향희

'빨강머리앤'은 대구출판산업지원센터에 입주해 있는 출판사이다. 인쇄골목 바깥에 있지만 인쇄골목 안에 영향을 미친다. '빨강머리앤'에서 책 제작을 의뢰하는 인쇄소가 바로 인쇄골목 안에 있기 때문이다. 대구출판산업지원센터 센터장의 소개로 '빨강머리앤' 한향희 대표와 인터뷰를 할 수 있었다.

출판사를 어떻게 시작하게 되셨나요?

제가 아는 출판사 선배님 소개로 시작하게 됐어요. 출판업 등록은 2020년 6월 5일에 해서 출판지원센터에 입주하게 됐죠. 출판사를 시작한 지 만 2년 정도 된 거네요. 그전에는 출판사가 아니라 편집 디자인 일을 오래 했었어요. 24년 정도를 했었죠. 원래 시각디자인 공부를 오래 하기도 했고, 광고나 디자인 쪽의 일이 저한테 잘 맞기도 했어요. 어떻게 보면 무에서 유를 창조하는 일이잖아요. 그러다 보니까 정답이 없어서 스트레스를 많이 받을 때도 있지만, 오히려 그런 점이 제 삶의 활력이 되기도 했죠. 그러다가 개인적인 일로 2~3년 다른 일을 했고 출판 쪽으로 다시 돌아오게 됐어요. 출판과 편집 디자인은 분야가 조금 달라요. 편집 디자인만 하던 제가 늦은 나이에 출판사를 운영하게 된 건 새로운 도전이었어요.

새로운 일에 도전하는 게 두렵지는 않으셨나요?

저는 예전부터 새로운 일을 시작하는 걸 두려워하지 않았거든요. 근데 이번에는 쉽지만은 않았어요. 중간에 2~3년 정도 하던 다른 일을 실패하기도 했었고, 나이도 50이 다 돼 가다 보니까 두려움이 생기더라고요. 걱정을 진짜 많이 했어요. 게다가 출판사를 하려면 아는 작가가 한두 명이라도 있어야 하는데 그것도 없고. 정말 많이 힘들게 시작했어요. 한 5개월 정도는 마음 수양하는 시간이었어요. 매일 출퇴근하면서 산책하고 운동하고 책 보고 하면서 마음을 수양하는 시간을 가졌죠.

그러면 언제부터 출판 일이 들어오기 시작했나요?

제가 아는 선생님이 다른 학교 선생님을 소개해 줬어요. 그분이 학교 학생들이 쓴 글을 책으로 내야 하는데 해줄 수 있는지 물으시더라고요. 대구교육청에서 매년 글쓰기 프로젝트를 진행하는데 거기에 학생들이 쓴 글이나 선생님들이 쓴 글을 공모전처럼 응모를 해요. 심사를 해서 우수 도서로 선정되면 그 모음집을 출간할 수 있는 제작비를 지원해줘요. 그 선생님이 말씀하신 게 우수 도서로 선정된 학생들

글이었던 거죠. 그러면서 조심스럽게 예산이 얼마 되지 않는다고 했어요. 근데 저는 돈이 중요한 게 아니라 그렇게 제안하시는 선생님의 마음이 너무 고마웠어요. 그래서 해보겠다고 했고 제가 가장 잘하는 게 디자인이니까 표지랑 내지 디자인을 정말 신경 써서 했어요. 그리고 완성된 책을 선생님께 드렸죠. 그랬더니 선생님도 너무 예쁘다면서 고맙다고 말씀해주시더라고요. 그러면서 또 다른 선생님들을 소개해주셨고 책쓰기 프로젝트 우수 도서로 선정된 콘텐츠 다섯 권을 한 해에 제작해 출간할 수 있었어요. 처음 만든 책까지 포함하면 여섯 권인 거죠.

돈보다 마음을 얻으셨고 그게 출판 일로 이어졌네요.

그렇죠. 저는 책을 예쁘게 만드는 것도 중요하지만 그 디자인에 이유가 있어야 한다고 생각해요. 이건 학생들이 각자 책을 읽고 자기 의견을 쓴 독후감을 모은 책이에요. 근데 아무래도 독후감이니까 학생들이 읽은 책의 표지를 디자인상 사용해야 하거든요. 근데 그렇게 하면 저작권에 문제가 있잖아요. 그래서 독후감의 대상이 되는 책들의 표지를 학생들이 직접 다 그렸어요. 그리고 그걸 편집해서 독후감 모음집의 표지로 사용한 거죠.

여기 그림책이 많은데 그림책을 전문적으로 출간하는 출판사로 만들어야겠다고 생각하신 건가요?

아니요. 처음에는 그림책 전문 출판사가 되겠다는 생각은 없었어요. 근데 제가 아이들을 워낙 좋아하다 보니 아동용 책을 만들어야겠다는 생각은 있었어요. 저는 제 아이들이 클 때까지도 책을 읽어줬어요. 아무리 바빠도 집에 가면 애들 책 읽어주는 걸 빠뜨리지 않았어요. 애들이 고등학교 때 힘들어하면 읽고 싶은 그림책 가져오라고 해서 읽어주기도 했어요. 그림책을 그때까지 안 버리고 있었던 거죠. 생각해보면 다 커서도 그림책을 재미있게 느낄 수 있고, 더 편하게 읽을 수 있고, 더 위로가 된다고 생각할 수 있거든요. 그래서 아동용이든 성인용이든 그림책을 한번 만들어보자는 결심을 하게 되죠. 그래서 제가 아는 선생님들께 책쓰기 프로젝트에 그림책을 내보면 어떻겠냐고 제안을 했어요. 그랬더니 거기에 그림책이 한 번도 응모된 적이 없다고 하시더라고요. 결국 그림책 콘텐츠를 만들어서 교육청에 응모하는 일과 얼마 안 되는 예산으로 그림책을 제작하는 일, 둘 다 엄청난 도전이 된 거죠. 사실 그림책은 예산이 많이 들거든요. 그런데도 도전을 한 거예요. 그래서 제가 그림 작가 분을 섭외해서 지원 예산을 그분께 모두 드리고 나머지 디자인이나 제작 비용은 제가 부담을 했어요. 그때는 저희도 출간한 그림책이 없었으니까 '빨강머리 앤'의 첫 그림책이라는 생각으로 그런 시도를 한 거죠.

그러면 성인용 그림책도 있겠네요.

네. 이 책이 시니어 그림책이에요. 겉으로 보기엔 아동용 같지만 실제로는 아니에요. 이걸 쓰신 선생님이 자기 어릴 때 아버지와 함께했던 추억을 그린 책이거든요. 그래서 아이들보다는 어른들이 읽었을 때 더 공감할 수 있어요. 어르신들도 이 책을 보고 엄청 좋아하세요. 아버지의 입장에서 자녀를 키우는 부분이 공감될 수도 있고, 자녀 입장에서 자신의 추억을 더듬을 수 있는 부분이 공감될 수도 있는 거죠. 또 작년 대구출판산업지원센터 우수출판콘텐츠 지원 사업에서 저희가 낸 두 권의 그림책이 선정되기도 했어요. 그리고 제가 본격적으로 시니어 그림책을 만들겠다고 마음먹은 건 저희 시어른들 때문이었어요. 저희 시어른들이 80이 넘으셨는데, 그 정도 연세면 신체 기능이 전반적으로 떨어져 있으시잖아요. 그러니까 놀거리가 없는 거예요. 그러다 보니까 집에서 TV 보시는 거 말고는 할 게 없는 거죠. 그래서 노인분들이 충분히 공감할 수 있고 편하게 읽을 수 있는 그림책을 만들어야겠다고 생각했어요.

아까 출판사를 차리고 출판지원센터에 바로 입주했다고 하셨는데 그런 결정을 한 이유가 있나요?

아무래도 환경이 좋잖아요. 임대료가 높은 편이지만 그건 생각하기 나름이죠. 좋은 환경에서 좋은 에너지를 받고 일을 더 잘하면 좋은

거잖아요.

출판사 이름을 '빨강머리앤'이라고 지은 이유가 있으신가요?

제가 어릴 때부터 『빨간 머리 앤』이랑 『키다리 아저씨』를 좋아했어요. 그래서 출판업을 등록하기 전에 이런 이름을 가진 출판사가 있나 찾아봤더니 '키다리 아저씨'는 있는데 '빨강머리앤'은 없더라고요. 그래서 '빨강머리앤'을 출판사 이름으로 정했어요. 제가 어렸을 때 별명도 빨간 머리 앤이었고, 빨간 머리가 잘 어울린다고도 하니까 저에게는 운명 같은 이름인 거죠.

편집 디자이너로서의 능력이 출판사 운영에 도움이 되겠네요.

그렇죠. 제가 기획과 편집 디자인을 할 수 있는 건 장점인 것 같아요.

출판은 어떤 과정으로 진행되나요?

작가를 섭외해서 원고를 받으면 교정을 보고 편집 디자인을 하죠. 이 과정이 모두 끝나면 인쇄소에 인쇄 의뢰를 해서 만들어진 책을 받아 봐요. 그리고 제가 의도한 대로 인쇄가 잘 됐는지 확인을 해요. 여기서 끝이 아니라 마케팅을 해서 실질적인 판매로 이어지도록 하는 작업도 필요해요.

편집 디자인만 할 때보다 할 일이 많아지셨겠네요.

네. 예전에는 편집 디자인 딱 한 가지 일에만 몰두하면 됐는데, 이건 출판과 관련된 모든 과정을 다 책임져야 하잖아요. 그래서 그 부분에 대한 부담과 스트레스가 되게 많더라고요.

편집 디자인 노하우가 있으신가요?

노하우라기보다 저는 생각을 오래 해요. 책으로 만들어야 할 콘텐츠를 읽고 전체적인 편집 방향을 설정하는 데 오랜 시간을 쓰는 거죠. 대신 작업하는 시간은 굉장히 빨라요. 일주일 만에 디자인을 끝내기도 해요. 저만 그런지 모르겠지만 창작을 하는 게 차근차근 단계적으로 진행되는 건 아니거든요. 오랜 시간 고요했던 하늘에서 갑자기 번개가 치듯이 아이디어가 샘솟고 방향이 정리될 때가 있어요.

출판업을 하면서 주로 했던 고민이 있으신가요?

요즘 출판 시장이 열악하잖아요. 출판사를 차려서 얼마나 버틸 수 있고 어디까지 성장할 수 있을지에 대한 고민이 계속 있었어요. 특히 책을 만드는 것까지는 큰 문제 없이 진행할 수 있는데, 만들어 놓은 책을 홍보하고 판매하는 일이 쉽지 않더라고요. 그래서 처음에는 이걸 어떻게 해야 될까 하는 고민을 많이 했어요. 그러다가 '빨강머리 앤'이 살아남으려면 책을 예쁘게 만드는 방법밖에 없다는 생각을 하게 됐어요. 물론 콘텐츠도 당연히 좋아야 하지만, 서울이나 파주의 대형 출판사들이 출간한 수많은 책들과 경쟁하려면 일단 눈에 띄어야 한다고 생각했어요. 그래서 표지 디자인에 제일 많이 신경을 쓰게 됐고 내지 편집에도 신경을 쓰게 됐죠. 내지는 중요하지 않다고 생각하는 사람도 있는데 그건 아니에요. 첫 페이지부터 마지막 페이지까지 내지에 인쇄된 글자들을 읽기 편하게 편집을 해야 돼요. 여백이라든지 글자체라든지 신경을 써서 독자가 거슬림 없이 읽을 수 있게 책을 만들면 잘 만든 책인 거죠. 그렇게 하지 않으면 눈이 엄청 피로하고 가독성도 안 좋아지거든요.

출판의 핵심은 디자인에 있다고 생각하시는 건가요?

물론 디자인이 출판의 전부는 아니죠. 콘텐츠도 중요하고 작가의 명성도 중요해요. 이것 외에 중요한 건 얼마든지 있죠. 그런데 일반적인 독자 입장에서 뭘 중요하게 여길까 생각해볼 필요가 있어요. 서점에 가거나 인터넷에서 책을 사려고 할 때 특정 목표가 있으면 디자인과 상관없이 목표로 하는 책을 사겠죠. 하지만 목표 없이 뭘 살까 하는 생각을 하는 독자들은 표지 디자인을 먼저 보게 돼 있거든요. 표지 디자인이 별로면 책을 거들떠보지도 않을 거예요. 또 표지 디자인에 이끌려서 책을 펼쳐 보는 단계까지 가더라도 내지 디자인이 산만하면 구매로 이어지지 않을 거예요. 가독성이 떨어지고 눈에 피로를 주니까요. 그래서 책을 제작할 때는 디자인을 많이 신경 써야 하는 거예요. 예전에 저희 아이 바둑 선생님이 낸 시집을 봤는데, 디자인이 좀 별로였어요. 그래서 언젠가 시집 디자인을 내가 해 드려야겠다 생각을 했는데 제가 출판사를 하게 되면서 그 생각을 실현했죠. 그분이 엄청 좋아하시면서 주변 시인들한테 시집을 보여주셨다고 하더라고요. 그랬더니 시집 디자인 의뢰가 또 들어왔어요. 파주에 사시는 분인데 출판으로 유명한 파주에 있는 출판사가 아니라 저한테 의뢰가 들어온 거죠. 그분 시집도 열심히 디자인을 했고 가장 좋은 재질의 종이로 만들어 드렸어요. 그러다 보니까 수익이 남지는 않았어요. 하지만 이 책이 남았잖아요.

지역의 소규모 출판사여서 힘든 점이 있으신가요?

있죠. 사실 지역에 있는 소형 출판사는 여러모로 어려운 환경에 있어요. 출판이라는 게 지역 내에서만 경쟁하는 게 아니라 전국 단위로 경쟁을 해야 되는 분야잖아요. 그러다 보니까 수도권 출판사랑 콘텐츠나 디자인, 마케팅 역량이 비교될 수밖에 없어요. 대구 안에서만 잘한다고 책이 잘 팔리는 게 아니니까요. 또 2년밖에 안 되긴 했지만 출판사를 운영하면서 안정적인 수익을 얻는 게 어렵다는 생각을 하게 됐어요. 저희 출판사가 대구출판지원센터 우수 콘텐츠로 선정됐던 책 1쇄를 몇 달 만에 모두 판매하고 2쇄를 찍었어요. 우수 콘텐츠 중에 2쇄를 찍은 게 처음이라고 하더라고요. 근데 각 쇄당 천 부씩 찍었는데도 돈이 많이 남지는 않았어요. 2쇄, 3쇄 정도로는 수익을 올리기 어려운 거죠. 만 부, 십만 부 이렇게 팔려야 작가도, 출판사도 가져갈 수 있는 수익이 어느 정도 생긴다고 하더라고요. 다만 소규모 업체는 서점과 직거래를 하면 얻을 수 있는 마진이 조금 커요. 근데 주문이 들어올 때마다 직접 책을 택배로 보내야 하니까 현실적으로 그렇게 하기 어렵죠. 그래서 출판조합에 대행을 맡겨요. 근데 출판조합에서 책 판매 금액의 40%를 대행 비용으로 가져가요. 왜냐하면 출판조합에서도 책 판매를 대행하려면 인건비나 관리비, 택배비 같은 게 들어갈 테니까요. 그렇게 40%를 빼고 난 60%로 작가, 출판사, 인쇄소가 나눠 갖는 거예요. 그래서 수익을 제대로 내려면 수만 권, 수십만 권씩 팔리는 베스트셀러가 나와야 하는데 소형 출판사에서는 그런 책을 내기 어렵죠.

그러면 소규모 출판사로서 할 수 있는 일이 없나요?

아뇨. 할 수 있는 건 많아요. 우리처럼 작은 출판사는 대형 출판사처럼 마케팅 비용을 엄청나게 들여서 책을 홍보하거나 다양한 장르의 책을 출간하거나 하기는 어려워요. 그래서 저는 그림책 서지 정보와 수상 정보, 출판사 정보 등을 작성해서 여기저기 메일로 다 보냈어요. 또 작년이랑 올해 만든 책 재고를 모두 판매해야겠다는 목표를 세우고 홍보용 다이어리를 만들었어요. 홍보용이지만 누가 봐도 예뻐서 가지고 다닐 수 있게 디자인을 했죠. 이 다이어리는 전국에 있는 국공립 도서관 관장님, 사서 선생님께 우편으로 보냈어요. 그리고 대구에는 도서관 관장님, 사서 선생님뿐 아니라 초등학교, 중학교 사서 선생님들께도 다이어리를 보냈죠. 또 지속적으로 수상 실적을 쌓으려고 노력하고 있어요. 그러다 보니까 뜻하지 않게 수상을 하는 경우도 있어요. 대구시에서 매년 '올해의 책' 10권을 선정하거든요. 전국에서 출판된 책을 대상으로 뽑는 거예요. 아동 도서 3권, 청소년 도서 3권, 성인 도서 4권을 뽑죠. 거기에 『감성21』이라는 저희 출판사 책이 선정됐어요. 이 책은 중학교 1학년 학생들이 쓴 단편소설 모음집이에요. 정말 대단하죠. 이번에 출판지원센터에서 오디어북 제작 지원 사업이 올라와 있더라고요. 그래서 이 책으로 오디오북을 제작해볼까 하는 생각을 갖고 있어요. 그리고 대구교육연수원에서 진행한 그림책 제작도 제가 맡아서 했어요. 연수원에서 유치원 교사들이랑 특수 교사들을 상대로 그림책 작가 되기 연수를 하거든요. 그러면 선생님들 각자가 그림책 콘텐츠를 하나씩 만들어요. 그러면 그걸 가지고 제가 책으로 제작해서 연수가 끝날 때 각자가 만든 그림책을 드리는 거죠. 제가 이걸 작년에 두 번 했는데 2021 베스트 연수에 뽑혔어요. SNS로 홍보할 계획도 가지고 있어요.

우수 콘텐츠에 뽑힐 수 있는 노하우가 있으신가요?

콘텐츠의 질도 좋아야 하지만 기획서도 잘 써야 돼요. 저는 우수 콘텐츠 제작 지원에 관련된 공고가 올라오면 디자인을 95% 이상 완성을 해서 지원을 해요. 샘플도 하드커버로 표지를 만들어서 보내죠.

편집 디자인을 할 때 중요하게 생각하는 요소가 있으신가요?

아까도 잠깐 언급했지만 눈에 띄는 표지 디자인과 가독성을 느낄 수 있는 내지 디자인이죠. 또 독자가 책을 잡았을 때 느낄 수 있는 촉감과 책을 들었을 때의 편안함을 중요하게 여겨요. 예를 들면 『감성21』은 편집 디자인을 해서 이렇게 가벼운 느낌인 거지, A4 용지로 400페이지가 넘는 원고였어요. 양이 많다고 생각하면서 원고를 읽기 시작했는데 너무 재미있는 거예요. 밤을 꼴딱 새우면서 다 읽었어요. 다 읽고 나서 책을 잘 만들어야겠다는 생각이 들었어요. 그래서 여러 가지 요소를 고민했죠. 그중에서 책 크기를 결정하는 일이 가장 중요할 것 같다는 생각이 들었어요. 왜냐하면 이 책은 분량이 많아서 오래 들고 읽어야 하잖아요. 그러니까 책 사이즈가 중요할 수밖에 없을 것 같더라고요. 책 판형을 결정하는 데 엄청 많은 고민을 했어요. 그 다음에 표지 제목 글씨체를 어떻게 디자인해야 할지 고민했어요. 근데 특정 폰트나 캘리그래피를 사용해서는 예쁘게 나오지가 않더라고요. 그래서 아예 글씨체를 만들었어요. 그리고 나서 표지 색깔이나 표지 · 내지 종이 재질 등을 결정한 거죠.

인쇄를 따로 맡기는 곳이 있으신가요?

저희가 의뢰하는 인쇄소가 따로 있어요. 인쇄골목 안에 있는 '월드인쇄'인데 여기가 꼼꼼하게 책을 잘 제작해줘요. 그리고 대표님 인성이 너무 좋으세요. 코로나 때문에 출판 업계나 인쇄 업계가 정말 힘들었거든요. 그런데도 감원하지 않으셨어요. 단 한 명의 직원도 퇴사시키지 않은 거죠.

기억에 남는 제작 의뢰가 있으신가요?

저는 소외된 사람들의 이야기를 독자들에게 전해주고 싶다는 생각을 많이 했어요. 책이라는 게 읽고 그냥 덮을 수도 있는 물건이지만 세상을 0.001%라도 바꿀 수 있는 데 도움이 된다면 잘살았다고 할 수 있지 않겠나 하는 생각을 했죠. 그런 의미에서 그림책 작가 되기 연수에서 만들었던 자폐 아이에 관한 이야기를 담은 책이 기억에 남아요. 또 실제 장애가 있는 화가가 그린 그림책도 제작하고 있어요. 선에 관한 이야기인데, 그중에서 선으로 만든 머핀 이야기가 나와요. 그래서 홍보비를 사용해서 특정 기간에 책을 구매하면 머핀을 주는 이벤트를 기획하고 있어요.

마지막으로 하고 싶은 이야기가 있으신가요?

꿈이 아니라 아마 현실이 될 것 같아요. 예쁜 책을 만들고 싶은 사람은 서울이든 미국이든 그 어디서든 우리 '빨강머리앤'을 찾아올 날이

머지않았다고 생각해요. 솔직히 2년 동안 비전이 보이지 않으면 정리하겠다는 마음으로 일을 시작했어요. 그런데 비전이 보이는 것 같아요. 큰돈은 못 벌었는데 주변에 너무나 좋은 작가들이 모이고 있어요. 저는 그냥 예쁜 책을 만들려고 했을 뿐인데요. 우리 출판사는 모든 게 변해도 한 가지는 변하지 않을 거예요. '빨강머리앤'은 늘 아름다운 책을 만드는 출판사라는 사실.

인터뷰에 응해주셔서 감사합니다.

3

“강의 교재를 만들다가 여기까지 왔네요”

북랜드 대표 장호병

대구가톨릭대 유스티노캠퍼스 맞은 편에 '북랜드'라는 간판이 보였다. 인쇄골목에 자리 잡은 출판사는 어떤 곳일까 하는 호기심이 일었다. 북랜드 건너편 그늘에 앉아 전화로 인터뷰 요청을 했다. 속으로는 요청을 받아줄까 하는 의문이 들었으나 대표께서 흔쾌히 인터뷰를 허락했다. 인터뷰는 북랜드의 모임 공간에서 진행했다.

출판업은 어떻게 시작하게 되셨나요?

저는 원래 강의를 하다가 부업으로 출판 일을 시작했어요. 그렇게 투잡을 하면서 지금까지 오다 보니까 이렇게 출판사 대표가 돼 있네요. 이제는 어떤 게 주업인지 모르겠네요. 출판사를 하기 전에는 기획 쪽에서 일을 했어요. 제가 강의하는 교재를 만들기도 해야 되니까 겸사겸사 일을 진행하다가, 출판 쪽에서 일하는 사람들을 만나게 되면서 출판사를 차린 거죠. 출판사를 시작한 건 1982년 6월에 정식으로 출판업 등록을 하면서부터였어요. 제가 원래 잡지 만드는 걸 굉장히 좋아해서 〈소년과 소녀〉라는 아동 잡지도 만들고, 〈시사랑〉이라는 월간지도 만들고, 〈문장〉이라는 계간지도 만들었어요. 〈문장〉은 지금도 계속 발행하고 있어요.

이곳에서 계속 출판사를 운영하신 건가요?

아뇨. 처음에는 봉산동 통신골목*에서 운영했어요. 근데 우리나라 80년대가 워낙 호경기라서 갑자기 그 동네에 전부 술집이 들어왔어요. 그래서 술집에 밀리고 밀리고 하다 보니까 이 건물을 사서 여기에 자

* 봉산동 통신골목의 도로명주소는 동성로 1길이다.

리를 잡은 거죠.

다른 곳도 있는데 굳이 남산동에 자리를 잡은 이유가 있나요?

아무래도 이쪽에 유관 업체가 많으니까 여기에 자리를 잡았어요.

인터뷰를 진행하는 이곳은 모임 공간 같은데 모임을 자주 하시나요?

네. 여기서 모임도 하고 수업도 해요. 원래는 여기가 책을 보관하는 창고였어요. 근데 코로나 때문에 많은 사람들이 한 공간에 모인 대면 수업을 하기가 힘드니까 여기에 수업할 수 있는 공간을 만들었죠. 제가 교대에서 수업을 하는데 코로나 상황에 적합한 인원수에 맞게 반을 쪼개고 쪼개다 보니까 이 공간이 만들어진 거예요. 오늘은 출판기념회가 있는 날이어서 이렇게 자리 배치를 하고 현수막을 달았죠. 물론 소모임도 여기서 해요.

문학 모임을 좋아하시나 보네요.

그렇죠. 1996년에 남산동에 자리 잡고 '시사랑'이라고 해서 매월 시낭송회를 여기서 진행했어요. 그 이후에도 계속 여러 가지 주제로 모임을 하고 있죠.

젊은 사람들도 많이 참여하나요?

전에 참여한 사람들도 있어요. 근데 제 자식들보다도 어린 친구들이 오면서부터 소통 방식의 문제가 있더라고요. 그러다 보니까 서로 재미가 없어서 그만두고 성인 교육 쪽으로 방향을 틀었어요.

그러면 여기는 복합 문화 공간으로 사용하시는 거고, 3층은 편집이나 출판 업무를 보는 공간으로 사용하시는 건가요?

맞아요. 여기서는 문화 교류를 하거나 출판 업무만 보고, 제작은 모두 아웃소싱을 주고 있어요.

제작은 주로 어디서 하시나요?

이 골목에 있는 업체에 의뢰해서 제작하는 것도 있고 서울에 의뢰해서 제작하는 것도 있어요. 아무래도 물량이 많으면 여기서 소화를 못 하는 부분이 있을 테니까, 그런 경우에는 서울에 제작 의뢰를 하지요.

홈페이지를 확인해 보니까 서울에도 업체 사무실이 있는 것 같더라고요.

네. 출판 인프라나 시장이 아무래도 서울에 집중돼 있다 보니까 거기에도 사무실을 냈죠. 그리고 도서 소비량도 대략 80% 정도는 수도권에 몰려 있어요. 그러다 보니까 서울과 관계를 가져야만 하는 상황에 있는 거죠. 그래서 편집은 주로 여기서 하고 제작은 주로 서울에서 진행해요.

주로 어떤 장르의 책을 출판하시나요?

문학이나 인문학 책을 출판해요. 제 전공도 미디어고 지금은 문학을 하고 있으니까 아무래도 그쪽 관련 저자들을 많이 만나고 콘텐츠도 문학이나 인문학 쪽이 많을 수밖에 없죠.

인쇄골목의 역사가 꽤 길고 규모도 큰 편인데 이곳과 관련된 이야기가 정리된 게 없더라고요. 혹시 인쇄골목에 대해 이야기해 줄 부분이 있으신가요?

저는 인쇄보다는 주로 출판 쪽에서 일을 하고 있어요. 여기서 오랫동안 인쇄 업체를 운영하신 분들보다 인쇄골목을 더 잘 안다고 하기 힘들죠.

대구출판산업지원센터와도 교류가 있으신가요?

대구출판산업지원센터는 대구시에서 출자를 했고, 한국출판문화산업진흥원에서 3년에 한 번씩 위탁 운영을 해요. 아무래도 운영 노하우를 진흥원에서 가지고 있으니까 그렇게 하고 있죠. 제가 출판지원센터 운영위원장입니다. 그래서 그 부분은 어느 정도 알고 있지요. 지금 여러 사업을 진행하고 있는데, 주로 지원 사업이 많아요. 출판 지원도 있고, 제작 지원도 조금 있고, 서점 지원, 독서 동아리 지원을 하고 있어요. 이것 말고도 출판창업학교 창업 과정을 운영하고 있는데, 여기서 이미 수료생들이 나왔어요. 이건 대구가 앞서 있는 부분이죠.

대구출판산업지원센터와 대구경북인쇄협동조합*은 역할 면에서 어떤 차이가 있나요?

인쇄조합은 인쇄 업체들이 모인 협동조합이니까 주로 조합원들을 지원해주거나 생산과 관련된 지원을 하죠. 반면에 출판지원센터는 앞에서 말했듯이 소프트웨어적인 지원을 많이 해요.

대구 출판과 관련된 역사나 문화에 대해 알고 있는 이야기가 있으신가요?

대구 출판 하면 일제강점기에 운영됐던 광문사라는 출판사에 대해 먼저 이야기해야 돼요. 거기서 지식인들이 외국 학문을 도입하고 국권 회복을 목적으로 계몽운동을 펼쳤거든요. 그렇게 광문사를 중심으로 한 출판사들이 나라 사랑이라는 가치를 내걸고 대구에서 활동했어요. 그러다가 해방 후 6.25 때는 서울에서 대구로 피란민들이 대거 몰려오게 되죠. 그 과정에서 동아출판사, 학원사, 현암사 같은 출판사나 여러 인쇄사들이 대구로 이전해 오거나 새로 창업하면서 다양한 콘텐츠를 만들고 새로운 인쇄 기술을 도입해요. 그러다가 서울이 수복되면서 서울로 올라간 업체들도 있죠. 다른 한편으로는 6.25를 기점으로 해서 문화예술인들이 대구에 많이 내려왔어요. 문화예술은 사람들이 교류하는 과정에서 발전하니까 그런 교류의 공간이 전쟁 때문에 생기게 된 거죠. 이렇게 보면 전쟁이 개인적으로건 사회

* 정확한 이름은 '대구경북인쇄정보산업협동조합'이다.

적으로건 아픈 상처를 낸 건 분명하지만, 대구 문화예술의 르네상스를 가져오기도 한 것 같아요. 지금도 출판 물량은 아마 서울 다음으로 대구가 많을 거예요.

인쇄골목에도 인쇄 업체가 많이 사라지고 있다는데, 대표님은 어떻게 보시나요?

남산동 여기도 인쇄 시설이 많이 노후화됐거든요. 그런데 그 이유를 생각해보면 충분히 이해가 돼요. 시설 투자가 쉽지 않아요. 새로운 기계를 들이거나 리스를 하면 사용 기간이 끝날 때쯤 또 새로운 기계를 들여야 돼요. 그런 일을 계속 반복해야 인쇄업을 할 수 있거든요. 호황이면 그나마 괜찮은데 불황이면 정말 버티기 힘들죠. 분야마다 다르겠지만 종이 인쇄는 지금이 불황이거든요. 그러니까 버티지 못하고 문을 닫는 업체들이 생기는 거예요. 게다가 젊은이들이 인쇄 일을 안 하려고 하니까 인쇄 업체가 사라지는 일이 더 가속화되는 것 같아요. 또 여기가 시내 중심부니까 임대료도 점점 올라갈 거고요. 여러 가지 면에서 점점 압박이 갈 거예요.

재개발 이슈도 있더라고요.

재개발 이야기는 예전에도 여러 번 나왔는데 쉽지 않아요. 여기 인쇄 업체를 운영하시는 분들 대부분이 세입자거든요. 그러면 개발업자들이 토지 주인한테도 보상을 해줘야 되고, 업체를 운영하는 세입자들한테도 업권에 대한 보상을 해줘야 돼요. 이중으로 보상이 들어가야 하니까 일반 주택지보다 매력이 떨어지죠. 그래서 재개발 진행이 잘 안 돼요.

향후에 출판단지로 이전할 계획이 있으신가요?

저도 그런 생각을 해본 적이 있었어요. 그런데 제 나이도 있고 클라이언트(의뢰인)들이 전부 이 근처에 있으니까 출판단지로 업체를 이전하기가 쉽지 않죠. 또 수도권을 생각해보면 꼭 그렇게 하지 않아도 될 것 같더라고요. 수도권도 출판, 인쇄 쪽은 을지로 · 충무로랑 파주로 나눠져요. 저자들은 주로 을지로, 충무로 쪽에서 많이 만나고, 생산은 파주에서 진행을 하죠. 거기 생산 시설이 다 있으니까요. 물론 파주에서 저자를 만나기도 해요. 이렇게 보면 인쇄소가 몰려 있는 출판단지는 파주랑 비슷한 역할을 하는 곳이죠. 출판은 소프트웨어적인 게 중요한 지식 산업이니까 차라리 미디어나, 디자인, 음악, 미술 같은 관련 산업들을 교통이 편리한 시내 빌딩에 집적해놓는 게 어떨

북랜드 위에 하늘이 높이 떠 있다.
그리고 그 하늘에 문장들이 둥실
떠다니는 듯하다.

까 해요. 콘텐츠 집적 단지를 만드는 거죠. 그래서 관련 아티스트들이 그곳에 모여 교류하고 아이디어를 구체화하면서 콘텐츠를 만들 수 있으면 좋을 것 같아요. 근데 출판단지에서 그런 걸 하기에는 대구 중심지에서 너무 멀잖아요.

인터뷰에 응해주셔서 감사합니다.

4
"초판이 담고 있는 시대정신이 있다고 생각합니다"

월계서적 대표 김기철

인쇄골목의 마지막 인터뷰를 마치고 바로 옆에 자리하고 있는 '남산동 헌책방 골목'으로 발걸음을 옮긴 날이었다. 인쇄골목에서 들었던 많은 이야기를 떠올리며 산책을 하고 있던 도중 스치는 생각 하나. 왜 지금까지 인쇄골목과 인접해 있는 헌책방 골목을 인터뷰할 생각을 못 했을까? 예전의 기억을 더듬으며 헌책방 골목을 찾아갔다. 그런데 예전 기억 속의 골목과는 많이 달라져 있었다. 헌책방이 옹기종기 모여 있던 자리에는 아파트 공사가 한창 진행 중이었고, 거리에 쌓여 있던 헌책들도 보이지 않았다. 그래도 아직 몇몇 가게는 문을 열어두고 있었다. 그중에서 '월계서적'이라는 헌책방을 발견하고 가게 문을 열었다. 찬찬히 둘러보다가 대표께 인터뷰 요청을 드리면서 이야기는 시작되었다.

월계서적을 언제부터 운영하셨나요?

2015년 4월 1일, 이 날짜는 제가 이 서점을 맡기 시작한 날이고, 1954년 6월 30일에 차석규라는 어른이 이 서점을 운영하셨습니다. 올해 69년이 된 서점이고, 대구에서는 가장 오래된 서점이라고 보시면 됩니다.

중간에 대표님이 바뀌게 된 계기가 있는지요?

창업주 차석규 님이 하시다가 건강이 좋지 않으셨어요. 그 뒤로 집안 어른이 맡아서 운영하셨고 그러다가 2015년 4월 1일부터 제가 운영을 하게 되었죠. 3대째 운영을 하고 있습니다.

이 자리에서 계속 운영을 해오셨나요?

아닙니다. 현재 이 자리에 옮긴 지는 3년째입니다. 2019년에 이전을 했고, 옮기기 전에는 지금 아파트를 짓고 있는 자리에 우리 서점이 자리를 잡고 있었습니다. 재개발 지구에 포함이 되어 있어서 철거를 할 수밖에 없었습니다. 그래서 지금 이곳으로 옮기게 되었습니다.

그럼 재개발이 들어가기 전 헌책방들은 몇 군데 정도 있었습니까?

재개발 들어가기 전에는 대략 다섯 가게가 운영되고 있었습니다. 지금은 세 군데가 남아 있습니다. 1970년도, 1980년도에는 이 동네 전체가 서점이었습니다. 헌책방 서점. 그 당시에는 중고책이 귀했습니다. 나라도 한참 발전하고 있는 시기였고, 학생들은 호주머니 사정도 좋지 않을 시절이었으니까요. 새 책을 사기에는 돈이 없기도 했고, 새 책 한 권 값이면 헌책 3권, 4권을 살 수 있으니까 그렇게 헌책을 구입해서 공부를 하던 시절이었습니다. 그 당시에 이 골목에 헌책방이 스물다섯 곳 정도가 있었을 정도로 규모가 컸죠. 세월이 지나면서 이 헌책방을 운영해도 이윤이 남지를 않으니, 그 많은 헌책방이 다 없어지고 다섯 곳 정도 남아 있다가, 지금은 '대도서점', '코스모스서점', '해바라기서점', 그리고 '월계서적' 이렇게 네 곳이 남아 있습니다.

헌책방 이름인 '월계'에는 어떤 의미가 있을까요?

사실 이름에 특별한 뜻이 있지는 않습니다. 그때는 헌책방 골목에 있는 헌책방들이 꽃 이름을 넣어 업체명을 많이 지었습니다. 예를 들어서 건너편에 있는 코스모스라든지, 해바라기, 장미 등 이런 방식으로 헌책방 이름을 지었습니다. 그래서 특별히 의미가 있는 건 아니고 자연스럽게 골목 가게 이름들이 만들어진 거죠.

요즘에 손님들은 많은 편인가요?

아무래도 코로나 때문에 손님이 많이 줄어들기는 했죠. 지금은 약간 회복세에 있다고 볼 수 있습니다. 연령대도 초등학생부터 80세 이상 되시는 어르신들까지 전 연령층이 우리 서점을 찾고 있습니다.

대구 헌책방 골목이 이곳에 자리를 잡은 이유가 혹시 인쇄골목과 관련이 있나요?

아닙니다. 인쇄골목과 헌책방 골목은 완전히 별개의 골목이라고 볼 수 있습니다. 그 이유는 인쇄골목은 인쇄를 통해서 이윤을 남기는 곳이기 때문에 헌책방 골목과는 크게 상관이 없습니다, 물론 인쇄, 종이, 책 이렇게 연관이 있을 수는 있죠. 그런데 헌책방 골목, 그러니까 남산동 일대에 헌책방 골목이 형성된 직접적인 이유는 보다 단순합니다. 바로 주변에 학교가 많기 때문입니다. 그 당시에는 경북외고, 경북여고, 제일여상, 능인고, 경북사대부고, 대구상고 등 반월당, 남산동 일대에 중고등학교가 많이 밀집되어 있었기 때문이죠. 다시 말해서 주변에 학교가 많았기 때문에 자연스럽게 헌책방 골목이 형성되었다고 보는 게 맞지 않을까 싶습니다.

월계서적을 운영하면서 가지고 계시는 철학이 있을까요?

제가 헌책방을 운영하는 이유는 크게 세 가지가 있습니다. 첫째는 가업으로 내려왔기 때문입니다. 할아버지가 창업하신 가게를 승계한다는 의미가 일단 가장 크다고 볼 수 있습니다. 두 번째는 헌책방이 가지고 있는 사회적 기능을 수행하기 위해서입니다. 헌책방의 역할이 무엇일까를 고민해보면, 가정마다 가족이 다 읽은 책, 그 집에 더는 두지 않아도 되는 책을 저렴한 가격에 구입하고, 그 책을 읽어보지 못한 사람, 혹은 읽어보고 싶은 사람들에게 전하는 것이죠. 이게 바로 헌책방이 가지고 있는 기본적인 역할이라고 할 수 있습니다. 그리고 1940년대부터 1980년대까지 출간된 서적을 누군가는 보존을 해야 합니다. 그 보존에 대한 의무가 어쩌면 헌책방에 있지 않나 생각합니다. 그렇지 않으면 고물상으로 가서 폐지가 되겠죠. 그리고 재활용되면서 그냥 종이로만 남겠죠. 오래된 책 속에 남아 있는 소중한 내용들이 모두 사라져버리고 맙니다. 사멸해버립니다. 소멸해버립니다. 그러나 낡은 책이고 헌책이지만 이것을 보존하면 누군가는 그 책 속에 있는 기록과 사진과 내용과 이론과 철학과 시와 정서가 보존될 수 있겠죠. 1960년대 한국 출판인쇄 업계는 그 기술과 능력이 미비할 때였습니다. 제본 기술도 뛰어나지 않을 시기였죠. 그런 시기를 지나 지금은 많은 발전을 이루었습니다. 독일, 일본 등 여느 선진국과 겨루어도 뒤떨어지는 수준이 아닙니다. 그러나 그런 뛰어난 제본 기술과 인쇄술이 있다고 하더라도, 예전에 출간된 헌책들을 다시 만들어 내기란 쉽지 않습니다. 그리고 재출판을 한다고 하더라도 초판에 대한 가치는 사라지기 마련이죠. 있는 그대로를 보존하는 것이 책이 가지고 있는 의미이기도 하니까요. 초판이 담고 있는 시대정신이 있다고 생각합니다. 마지막으로 헌책방은 추억을 보존하는 공간이기도 하지요. 지금 우리 서점에도 80대 어르신들이 오셔서 『수학의 정석』을 다시 풀어 보시기도 하고, 『빨간 기본 영어』를 다시 보면서 추억에 잠기시기도 합니다. 그런 공간적 역할을 헌책방이 해야 한다고 저는 생각하고 있습니다. 이런 이유 때문에 제가 이 '월계서적'을 운영하고 있다고 보면 될 것 같습니다. 한 가지 덧붙이자면 저 스스로가 즐겁기 때문이기도 하죠. 이윤에 신경을 쓰기 시작하면 이 헌책방을 운영할 수 없습니다. 크게 대수롭지 않은 공간일 수도 있고, 미미한 역할을 하고 있지만 이런 헌책방 같은 공간은 반드시 필요하다고 생각합니다. 그리고 그런 공간에서 느끼는 스스로에 대한 만족감도 큽니다.

가게에서 가장 좋아하는 공간이 있다면 어디가 있을까요?

가게 화장실입니다. KBS나 조선일보 등에서도 다루었던 내용인데, 저희 집 화장실이 대구에서 가장 아름다운 화장실이라고 이야기합니다. 실제로 아름다워서 그런 것은 아닙니다. 이유는 단 하나, 독서를 할 수 있도록 공간을 구성을 했기 때문입니다. 화려하거나 깨끗하다는 느낌과는 다른, 편안한 독서 공간으로서의 화장실이라고 보시면 됩니다. 정서적으로도 편안함을 느낄 수 있는 화장실입니다.

마지막으로 한 말씀 부탁드리겠습니다.

저는 원래 여기에서 계속 살고 있지는 않았습니다. 서울에서 공직 생활을 하다가 왔습니다. 그래서 헌책방골목에 대해서 조금 더 깊은 이야기를 듣고 싶으시면, 해바라기 서점의 김노옥 어르신을 만나 뵙고 이야기를 들어보면 좋을 것 같습니다. 이 동네에서 50년 넘게 서점을 하신 분입니다. 70이 넘으셨는데. 이 동네 변천사를 가장 잘 알고 있으시지 않을까 싶습니다. 그래서 그분께 생생한 이야기를 더 들어보면 좋을 것 같습니다.

인터뷰에 응해주셔서 감사합니다.

월계서적 앞 진열대에는
남산동 인쇄골목에서 인쇄된
책들도 있다.
인쇄소들이 골목골목에 자리를
잡은 것처럼.

5

커피를 인쇄하다

롤러커피 대표 백종환

인쇄골목을 산책할 때 늘 지나는 곳, 그리고 젊은 사람들이 가장 많이 찾는 곳, 이른바 '대구 3대 라떼 맛집'이라고도 불리는 곳이 바로 '롤러커피'이다. 그런데 너무 유명한 나머지 인터뷰 요청을 몇 번이고 망설였다. 늘 손님이 있었기 때문이다. 그러다가 라떼를 마시러 가게 안에 자리를 잡았는데, 마침 두 분이 일하고 있었고 손님이 없었다. 조심스럽게 다가가 인터뷰 요청을 했는데 다행히 허락을 받을 수 있다. 가게 안은 시끄러울 수 있으니 밖에서 인터뷰를 진행하자고 적극적으로 인터뷰에 응해주셨다. 그리고 인터뷰를 진행하는 동안 몇 가지 재미있는 사실을 알게 되었다.

너무 유명한 곳이라 인터뷰가 힘들 줄 알았습니다.

아닙니다. 이런 취지의 인터뷰는 환영합니다. 홍보 관련 인터뷰는 하지 않지만 이런 인터뷰는 언제든지 요청해주셔도 됩니다.

이곳에서 언제부터 카페를 시작하셨나요?

2017년도 7월에 시작했습니다. 올해 7월이면 5년이 되죠.

이렇게 유명해질 거라고 생각하셨나요?

아뇨. 저는 경찰행정을 전공했습니다. 그래서 원래는 경찰 시험을 보려고 했었죠. 그러다가 나름의 우여곡절을 겪었고 결국 하고 싶었던 커피를 시작했어요. 근데 이렇게 바빠질 줄은 몰랐습니다. 좋아하는 일을 나름 열심히 하다 보니까 인스타그램에서 조금 유명해진 것 같습니다.

어떻게 이곳에서 카페를 시작하셨나요?

제가 활자를 수집하는 데 취미가 있기도 하고, 활판을 다루는 것에도 취미가 있습니다. 그래서 인쇄골목에 자리 잡게 되었죠. 저희 가게 트레이드 마크가 인쇄 기계입니다.

인쇄골목에 자리를 잡으신 이유가 궁금합니다.

제가 활자를 좋아하다 보니, 해외 사이트에서 활자를 사서 모읍니다. 영문 폰트가 아무래도 많으니까 영문으로 모으고 있죠. 동사무소(남산2동 행정복지센터) 옆에 보면 인쇄전시관이 있죠? 거기에 그렇게 많은 활자들을 모아 놓은 건 진짜 대단한 일입니다. 인쇄하는 사람들이 보면 놀랄 정도로 다양한 활자들이 있죠. 제가 알기로 우리나라에서 활자를 만드는 곳은 두 군데 정도밖에 없는 것으로 알고 있습니다. 인쇄골목에 자리를 잡은 이유는 사실 인쇄 때문입니다. 인쇄와 관련된 것들을 정말 좋아해요. 특히 글자 디자인이나 폰트, 타이포그라피 이런 것들을 워낙 좋아합니다. 그래서 이런 취미를 커피와 접목하고 싶었고 그게 카페 운영으로 이어지게 되었죠. 지금 드시고 있는 게 서체의 느낌을 향미로 표현한 커피입니다. 저희가 판매하는 원두 패키지에 보면 앞에 라벨이 하나 붙어 있어요. 거기에 헬베티카(Helvetica)라고 적혀 있고, 그 밑에는 막스 미딩거(Max Miedinger)라고 적혀 있습니다. 그리고 그 밑에 헬베티카가 몇 년도에 만들어졌는지에 대한 정보가 나와 있죠. 헬베티카는 막스 미딩거가 디자인한 서체입니다. 일반적인 사람들이 봤을 때 서체가 다 비슷해 보일 수 있지만, 자기도 모르게 심리적으로 받아들이는 느낌이나 감성은 분명히 다르거든요. 저는 그 차이를 재미있게 전달하고 싶었고 커피 향미로 표현하게 된 거죠.

그럼 가게에 있는 글자들의 서체도 직접 디자인하셨나요.

제가 디자인한 것도 있고 지인분이 도와주시기도 했습니다.

말씀을 들어보니 인쇄골목과 잘 어울린다는 생각을 하게 되네요.

그렇죠. 사실 제가 커피를 시작할 때만 해도 이 동네에는 카페가 거의 없었습니다. 지금은 처음보다는 많이 생겨났죠. 그런데 재개발 이슈가 있다 보니까 언제까지 여기서 카페를 운영할 수 있을지 정확히 알 수 없어요. 재개발이 결정되면 저희 가게도 다른 곳으로 옮길 수밖에 없으니까요. 심지어 여기서 조금 나가면 있는 도로를 중심으로 저희가 있는 쪽이 먼저 재개발에 들어갈 가능성이 크거든요. 그렇게 되면 조금 많이 아쉬울 것 같습니다. 처음 가게를 오픈했을 때는 그런 상황을 전혀 몰랐습니다. 가게를 운영하면서 재개발 관련 이슈를 주변에서 듣기 시작했어요. 정비사업이 빠르면 1~2년 뒤, 늦어도 3~4년 뒤에 진행이 된다고요. 그래도 일단 지금까지 잘 운영해오고 있으니까 여기에 남아 있을 수 있을 때까지는 계속할 생각입니다. 다만 저야 다른 곳으로 가게를 옮기면 되지만 인쇄골목이 사라지는 건 개인적으로 아쉬운 부분입니다.

많은 분들이 인쇄골목이 사라질 수 있다는 데 아쉬움을 표하시더라고요.

그럴 겁니다. 사실 인쇄골목을 기록하는 작업을 저도 하고 싶었습니다. 인쇄골목이 사라지기 전에 아카이브처럼 뭔가를 남겨야겠다는 생각을 계속해서 하고 있었거든요. 개인적으로 사진도 좋아하고, 동네 인쇄소에서 어르신들 인쇄 작업하시는 모습을 담고 싶었어요. 실제로 저희 가게 인스타그램에는 인쇄소에서 일하시는 어르신들 사진을 많이 올리는 편입니다. 남산동 인쇄골목의 일상을 담고 싶었거든요. 제 눈에는 여기서 일하시는 모든 분들이 다 장인으로 보입니다. 30~40년 동안 한 가지 일을 꾸준히 한다는 것은 내면에 웬만한 힘이 있지 않고서는 힘들거든요. 제가 그런 점을 닮고 싶다는 생각을 많이 합니다. 요즘에는 워낙 빨리 생기고 빨리 없어지는 게 당연한 시대잖아요? 제가 예전에 창업을 한 적이 있었는데, 어떻게 하면 한 가지를 저렇게 오래 할 수 있을까 하는 고민이 있었어요. 그러다가 이 카페를 오픈하고 나서 빈티지 콘셉트로 가게를 운영했습니다. 그래서 초장기에는 빈티지 컵을 사용했어요. 그게 인스타그램에서 조금 유명해졌죠. 몇몇 손님들은 '오래된 컵인데 여기서 보니 새롭다'라고 말씀해 주시기도 했어요. 저는 이런 빈티지 컵을 통해 빨리 변하는 세상 속에서 조금은 천천히 가는 것도 필요하다는 의미를 간접적으로 전하고 싶었습니다.

인쇄와 서체에 관심이 있으니까 인쇄에 대한 지식도 많으실 것 같네요.

조금 있어요. 인쇄도 다양한 영역이 있습니다. 저는 활판 인쇄를 좋아하는데 직지가 가장 오래된 금속활자본이고, 전 세계적으로 가장 유명한 게 구텐베르크잖아요. 이런 활판 인쇄 방식을 영어로 레터프레스(letterpress)라고 하는데, 저희 가게에서 레터프레스 방식의 인쇄를 직접하고 있습니다. 2층에 그 인쇄기가 있어요. 그 기계로 인쇄를 해서 저희가 판매하는 제품에 스티커를 붙이는 작업을 하고 있습니다. 인터뷰 끝나면 올라가셔서 구경하고 가세요. 아무튼 가게에서 나오는 제품들의 라벨도 인쇄기를 사용해서 만들고 있죠. 가게 브랜딩도 그렇게 하고 있죠. 저희 가게 이름에 '롤러'가 들어가잖아요? 그 롤러가 인쇄할 때 쓰이는 롤러를 의미합니다. 그리고 발음을 조금 다르게 하면 '놀러 가자'라고 들리기도 하고요.

가게를 오픈하고 마감할 때까지의 분위기는 어떤가요?

아침에는 지게차가 정말 바쁘게 돌아다닙니다. 아침의 분주함이 너무 좋아요. 또 차가 많이 다녀서 골목이 복잡하기도 합니다. 출근시간에는 저희 카페에 바쁘게 다가와서 커피를 사 가는 분들도 많습니다. 그런 분들을 오래 붙잡고 있을 수는 없어서 가볍게 스몰토크를 많이 합니다. 그런 이야기를 통해서 일상을 주고받고 커피도 드릴 수 있어서 자주 하려고 해요. 확실히 이 동네는 아침에 활력이 넘치는 것 같습니다. 점심 무렵에는 정말 바쁩니다. 가게에 직원이 4명이 있을 정도로 바쁠 때가 있죠. 특히 주말에는 정신없이 시간이 지나갑니다. 대신 저희 카페는 웨이팅이 거의 없어요. 오시는 순서대로 커피를 빠르게 만들어서 드리기도 하고, 가벼운 마음으로 서서 드시는 분들도 있어요. 그리고 저녁 이후에는 조금 한가로워집니다. 물론 이것도 날씨에 따라서 좀 달라지죠. 오늘 같은 경우는 너무 더우니까 사람들이 별로 없고, 반대로 너무 추운 날도 길을 돌아다니는 사람들이 거의 없죠. 그래서 저희 가게 모토가 coffee & fun입니다. 심각하지 말고 그냥 웃으면서 커피 한잔하자거든요.

가게를 찾으시는 손님들의 주 연령대는 어떤가요?

저희 가게 오시는 손님들은 연령대가 진짜 다양하고 넓어요. 이 부분이 제가 가장 좋아하는 지점이기도 하고요. 반면에 약간 힘든 부분도 있어요. 연세가 있으신 분들이 오시면, 설명을 차근차근 해드려야 하는데, 손님도 많고 음악이 조금 시끄러우면 약간 긴장하는 모습을 보이실 때가 있어요. 젊은 사람들이 많이 있어서, 우리가 오면 안 되는데 같은 말씀을 주시는 분들도 있고요. 그래서 그런 손님들의 분위기를 맞춰드리는 게 조금 어렵기는 합니다. 그래도 조금 친숙해지고 나면 자주 찾아오세요. 그래서 어머님 같은 단골 분들이 진짜 많습니다. 나중에는 목욕 바구니를 들고 커피 한잔 사 갈 수 있는 친숙한 공간이 됐으면 좋겠어요.

어떤 카페가 되기를 바라시나요?

저는 프랜차이즈를 선호하지 않습니다. 그런 것보다는 그냥 오래 긁

인 김치찌개 같은 노포 커피집을 만드는 게 목표입니다. 지금 우리나라 시장에서는 어려운 일일 수도 있죠. 모든 게 빨리 변하는 세상에서 노포가 되는 건 정말 어렵거든요. 오랜 시간이 필요하기도 하고요. 유럽의 유서 깊은 카페들처럼 저희 가게도 많은 사람들이 기억하고 스토리가 있는, 나아가 다음 세대도 즐길 수 있는 곳이 되기를 바라고 있습니다.

마지막으로 한 말씀 부탁드립니다.

인쇄골목이라는 공간적 특성도 중요하지만 이 골목에 깃든 장인정신이 계속 이어졌으면 좋겠습니다. 그리고 만약에 현실적인 문제로 가게를 다른 곳으로 이전하게 되더라도 저는 '롤러커피'라는 이름을 계속 사용할 생각입니다. '롤러커피'는 인쇄골목에서 시작됐으니까요.

인터뷰에 응해주셔서 감사합니다.

6

디자이너에서
커피집 사장님으로

리을커피 대표 정라원

'리을커피'라는 가게 이름에서부터 뭔가 인쇄골목의 느낌이 물씬 난다. 이 가게를 시작으로 인쇄골목이 이어져 있다. 'ㄹ'처럼 생긴 인쇄골목을 미리 말해주는 것이기도 한 걸까? 한 여름의 더위도 식힐 겸 가게 문을 열고, 인터뷰를 요청드렸다.

카페를 언제부터 운영하셨나요?

이제 1년 2개월 정도 됐어요. 2021년 4월부터 시작한 거죠.

카페를 시작한 이유가 있으신가요?

원래 카페 알바를 오래 했었어요. 그러다가 회사에 들어갔는데 힘들게 하는 사람들을 매일 만나서 나오게 됐죠. 어느 정도 자유가 있는 삶을 생각하다 보니까 자영업자가 떠올랐어요. 그래서 카페를 시작하게 됐죠. 2021년 3월에 오픈했어요.

이 자리에 카페를 차린 이유가 있으신가요?

여기는 제가 운영하기 전부터 카페를 하던 곳이었어요. 한 10여 년 전에는 인쇄소였고, 인쇄소가 나가고 지금 저희 카페 바로 옆에 있는 슈퍼가 이 자리에 들어왔었어요. 그리고 카페로 바뀌었다가 기존에 하시던 분들이 딴 데로 이사 가고 제가 들어온 거죠. 그러니까 인쇄소에서 슈퍼로, 슈퍼에서 카페로 바뀐 거죠. 원래는 봉산동이나 북성로에 카페를 차리려고 했어요. 개인적으로는 북성로*의 예스러운

* 북성로 공구골목에는 각종 공구와 철물류 등 산업에 필요한 여러 자재를 파는 상점과 제품을 제작하는 제작소들이 몰려 있다. 또 일제강점기에 지은 적산가옥이 많이

분위기를 좋아해서 그쪽을 계속 알아보다가 한 군데 찾아서 계약을 했는데, 불법으로 개조한 건물이라는 걸 알게 돼서 계약을 파기했어요. 그다음에 알아봤던 곳이 남산동인데 그때는 여기가 인쇄골목이라는 이름을 가진 곳인지는 몰랐어요. 그냥 100년 향수길인 줄 알았죠. 그리고 이 근처에 성당이랑 교회 건물*이 워낙 오래됐잖아요. 교회는 저희 엄마가 중학교 때 다녔던 곳이기도 하고. 그 정도로 옛날 분위기가 나서 마음에 들었죠. 그런데 여기는 정말 생업 때문에 인쇄소를 운영하시는 분들이 많다 보니까 빈 건물이 없었어요. 공실이 있다고 해도 너무 노후화돼 있거나 2층에 있거나 해서 마음에 드는 자리를 찾기 어려웠죠. 그러다가 지금 이 자리를 몇 달간 지켜봤고 계약을 하게 됐죠. 남산동에 카페를 해야겠다고 마음먹은 건 100년 향수길이라는 이름이랑 성당, 교회가 있다는 게 마음에 들어서였어요. 또 원래 카페를 하던 곳이니까 따로 큰 비용을 들여서 인테리어를 할 필요가 없어서 더 좋았죠. 커피 기기들도 마침 남산동에 폐업하는 가게가 있어서 거기서 저렴하게 사 왔어요.

지금도 이 자리가 마음에 드시나요?

네. 조용해서 마음에 들어요. 근데 조금 아쉬운 부분도 있어요. 일방통행이어서 이쪽을 모르시는 분들이 많은 거랑 아직까지 시간을 내서 찾아오는 동네가 아니라는 거. 그런 부분은 좀 아쉽죠.

남아 있어서 특유의 예스러운 분위기를 풍긴다. 지금은 이 적산가옥을 중심으로 카페 거리가 생기고 있다.

* 계산성당과 서현교회의 건물을 말한다.

카페를 차릴 때 이 골목에 다른 카페도 많이 있었나요?

이 골목에는 많이 없었어요. 지금은 카페가 많이 모여 있는 '물자국' 이나 '꾸덕꾸덕'이 있는 골목*에도 그때는 카페가 별로 없었어요. 사실 처음에 저도 그 라인에 들어가고 싶었거든요. 신학대 앞이기도 하고 도로도 넓고 깨끗하니까 탐이 났는데, 제가 보고 있던 데는 계약 기간이 남아 있어서 못 들어갔죠. 기다리기에는 너무 늦고. 또 그 골목에는 '씨티씨커피로스터스'나 '남산연홍'이라는 유명한 카페도 있고 '카페 봄봄'이라는 프랜차이즈도 있어서 포기를 했죠.

카페 이름이 왜 '리을커피'인가요?

제 이름 '라원'에서 땄어요. 'ㄹ, ㅇ'이 들어가는 글자에 '리을'이 있으니까요. 사실 별 뜻은 없어요.

오리 모양 스티커가 창문에 붙어 있는데 오리가 마스코트인가요?

아뇨. 그냥 청둥오리 좋아해서요. 머리만 초록색인 게 특이해서 좋아해요.

스티커를 직접 제작하신 건가요?

네. 제가 다 만들었어요. 직접 디자인해서 업체에 파일을 넘겨주면 스티커나 명함으로 만들어 주시죠.

디자인을 전공하셨나요?

전공은 아닌데 취미로 디자인을 하다가 광고 회사에 취업을 했었죠.

---

* 명륜로12길. 대구가톨릭대 유스티노캠퍼스 후문 쪽에 늘어선 길이다.

거기서 본격적으로 경험을 쌓았어요. 처음에는 여기가 인쇄골목인 줄 몰랐으니까 명함이나 스티커를 다른 데서 제작했는데, 이제는 알았으니까 단골손님들한테 의뢰를 해서 제작해요.

손님들 주 연령층이 어떻게 형성돼 있나요?

여기는 이 근처에서 일하시는 분들이 많이 와요. 그래서 어르신들이 주로 여기를 찾아오세요. 그런데 젊은 분들도 많이 오세요. 전에 롯데캐슬 완공되기 전에는 공사하시는 분들도 왔어요. 여기는 젊은 분들이 오셔서 사진 찍고 가는 곳이라기보다는 그냥 와서 편안히 앉아 있다 가는 곳이죠. 제가 의도한 게 이런 분위기예요. 제가 사진 찍는 걸 별로 안 좋아해서요.

인터뷰 중간에 손님 주문이 있었다. "설탕 안 넣죠?"라는 말에서 손님들의 취향을 알고 있다는 게 느껴졌다.

단골 손님이신가 보네요.

네. 이 근처에서 일하시는 단골 손님들이 있어요. 그래서 여기서 가까운 몇몇 곳은 배달도 가요.

여기서 주력으로 판매하는 음료나 디저트가 있나요?

여름이니까 아이스크림 라떼가 많이 나가고요, 브라우니를 밀고 싶지 않은데 브라우니가 잘 나가요. 전 치즈 케이크를 밀고 싶은데 브라우니를 못 이기더라고요.

인쇄 업체에서 듣기로 퇴근 시간 이후에는 사람이 다니지 않는다던데 실제로 그렇게 느끼시나요?

네. 퇴근 시간 이후에는 조용해요. 그리고 인쇄 업체들이 다 문을 닫으니까 엄청 깜깜해요. 그래서 최근에 여기 가로등을 달았어요. 그전에는 가로등도 거의 없어서 정말 어두웠거든요. 그때는 저희 매장이 완전 가로등 역할을 했어요.

중간중간에 식당이나 술집이 있으면 저녁에도 사람들이 많을 것 같은데요.

네. 그런 게 좀 아쉽죠. 근데 이 동네에는 식당이나 술집 허가가 잘 안 나온대요. 원래 이 근처에 식당이 하나 큰 게 있었는데 그 집이 운영 안 한 지 거의 1년이 다 돼가요. 또 구경거리가 없기도 해요. 구경할 게 있으면 이 동네도 여기저기 돌아다니면서 카페도 찾고, 소품집도 들어가 보고 할 텐데 그런 게 없어요. 그래도 일요일에는 교회 분들 때문에 북적거려요.

이 골목에 있는 업체들을 홍보하기 위한 노력들이 있나요?

있어요. '스튜디오 남산'이랑 '파인플랫' 사장님이 적극적이셔서 작년에는 남산동 인쇄골목 티셔츠도 만들었어요. 인쇄골목을 한눈에 볼 수 있는 약도도 만들었고요. 이번에 새로 생긴 카페가 있어서 제가 새로 약도를 만들었어요. 또 '즐커피' 사장님도 그런 노력을 많이 하세요. 인스타그램에 일반인들을 대상으로 하는 이벤트를 올리시거든요. 2020년에는 '런 투게더'라는 이벤트도 했고, 올해는 '쓰줍은 남산의 밤'이라는 함께 모여서 쓰레기도 줍고 커피도 마시는 행사를 진행했어요. 사실 어제 '즐커피' 사장님이랑 다른 분들과 함께 골목 활성화 방안을 마련해보자는 이야기를 나눴어요. 예를 들어 각 업체마다

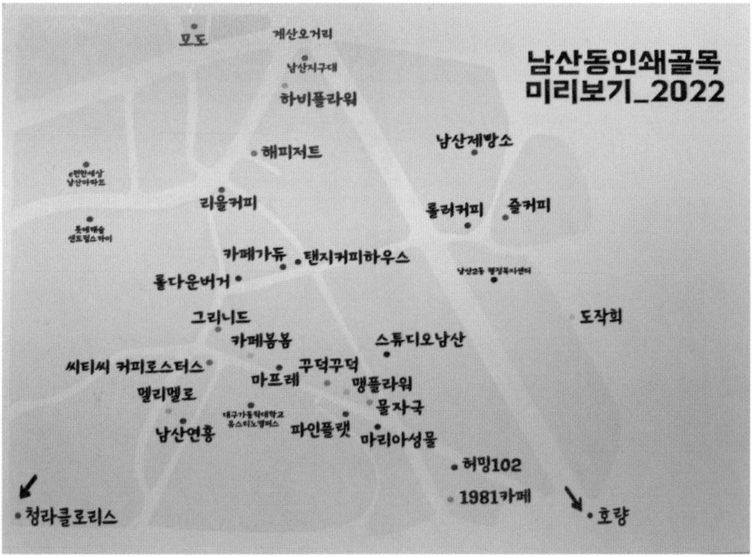

스탬프를 준비해놓고 사람들이 골목을 돌아다니면서 스탬프를 몇 개 받아오면 10% 할인 이런 식의 방안이 나왔죠. 근데 한두 곳이 시행한다고 되는 것도 아니고, 자칫 잘못하면 할인 때문에 손해 보는 업체도 생길 수도 있고 하는 문제가 있더라고요. 사실 '맨플라워'랑 '스튜디오 남산'은 실제로 그런 방안을 시행했었어요. 꽃을 사서 촬영을 하러 간다거나 반대로 한다거나 하는 경우에 할인해주는 식으로요. 업체들끼리 서로의 콘텐츠나 할인을 공유해서 외연을 확장해 나가려는 노력은 조금씩 있는 것 같아요. 제 개인적으로는 유튜브를 하고 있어요. 그래서 쉬는 날 인쇄골목을 한 바퀴 돌면서 영상을 찍어보려고요.

인쇄골목에 있는 카페나 소품집 상황이나 분위기는 어떤가요?

카페가 잘 안 되면 나가려고 하는 분위기가 있어요. 세입자인데 찾아오는 사람이 적으면 1년 계약했으니까 1년만 하고 나가겠다 하는 생각을 하는 거죠. 또 여기서 카페나 소품집을 운영하는 분들은 30대 이상이 많아요. 북성로에는 20대들이 운영하는 카페가 많고요.

카페에서 본 인쇄골목의 풍경은 어떤가요?

이곳은 주택가가 아니고 먹고살기 위한 생업 현장이다 보니까 아침이 되면 차도 많이 왔다 갔다 하고 북적거려요. 저녁이랑은 많이 다른 분위기를 풍기죠. 사람 사는 느낌이 나는 곳이에요. 그 풍경을 보는 맛이 나는 골목인 것 같아요.

이 공간을 계속 유지하고 싶은 생각이 있으신가요?

네. 집 주인도 잘 만났고 꾸준히 오시는 분들도 있고. 아직 1년밖에 안 됐지만 동네 터줏대감 같은 느낌으로 계속 남아 있고 싶어요.

인터뷰에 응해주셔서 감사합니다.

7

"정이 오가는 이 골목이 오랫동안 남아 있기를 바랍니다"

허밍102 대표 류빛나

맛있는 빵집을 찾는 건 어렵다. 빵 굽는 고소한 냄새가 가게 바깥으로 풍겨 나와 식욕을 당기고, 시그니처 메뉴가 맛있는 집. 맛있는 빵집의 조건이야 다양하겠으나 저 두 가지만 충족하면 일단 맛있는 빵집이라고 쳐줄 수 있다. 인쇄골목을 돌아다니면서 인쇄 업체나 음료를 전문적으로 판매하는 카페는 많이 봤지만 빵집을 찾을 수는 없었다. 아니, 정확히 말하면 빵집을 찾을 생각도 하지 않았다. 인터뷰가 목적이었으니까. 하지만 굳이 찾지 않아도 자연스럽게 발견되는 빵집이 있다. 바로 '허밍102'였다. 빵맛이 궁금해서 들어갔다가 인터뷰 요청을 드리고야 말았다.

가게를 언제부터 운영을 하셨나요?

이 가게를 운영한 지는 한 4개월에서 5개월 정도 되는 것 같아요. 그 전에는 젊은 부부 사장님이 2년 정도 운영을 하셨죠. 그렇게 운영하시던 가게를 제가 그대로 인수해서 운영하고 있는 중이에요.

가게를 인수한 계기가 있으신가요?

빵이랑 커피에 관심이 있었어요. 특히 빵을 진짜 좋아하거든요. 그래서 카페나 빵집을 많이 찾아다녔죠. 쇼트트랙 선수생활을 할 때도 그랬어요. 선수생활이 끝나면 카페나 빵집을 할 거라고 주변에 이야기를 많이 하고 다녔거든요. 그래서 가게를 차려볼까 하는 생각을 계속하고 있었어요. 처음에는 프랜차이즈를 할까, 개인 가게를 할까 고민을 했죠. 근데 마침 이 가게가 나와서 인수하게 됐죠. 원래는 제가 이 가게 단골이었어요. 그런데 사장님들이 개인적인 이유로 고향에 돌아가신다고 하더라고요. 그 말을 듣고 이 가게를 꼭 인수해야겠다는 생각을 하게 됐죠. 여기 빵이 정말 맛있었거든요. 더 솔직하게 말하면 이 정도 맛이면 망하지 않겠다 하는 확신이 있었어요. 그 외에 사업성을 생각해본 적은 없죠. 이런 이야기를 하면 다들 안 믿으시더라고요. 여기 인테리어도 바꾼 게 하나도 없어요. 가게 이름도 그대로고요.

지금 함께 일하시는 분은 어머니이신가요?

네, 맞아요. 어머니도 이 가게를 하기 전에는 타일, 도배 일을 하시려고 교육을 받으셨어요. 관련 자격증도 취득하셨죠. 그런데 다른 일을 하면서 동시에 이 가게를 혼자 운영하는 게 힘들더라고요. 그래서 어머니께 같이 일을 하자고 말씀을 드렸어요. 다행히 도와주겠다고 하셔서 쇼트트랙 교육과 가게 일을 병행할 수 있었죠.

쇼트트랙 선수를 하셨었나요?

네. 카페 운영하는 거 말고 직업이 따로 있어요. 쇼트트랙 가르치는 일을 하고 있어요. 이 인터뷰를 하기 전에도 쇼트트랙을 가르치러 갔다가 왔어요. 두 가지 일을 한다는 게 좀 힘들기는 하죠. 그래도 가르치는 일이니까 수업이 있을 때만 가요. 그래서 새벽에 가게에 나와서 반죽도 하고 빵도 굽고 가게 오픈 준비도 할 수 있죠. 그러다 수업이 있으면 수업을 하러 가고요.

제빵을 배우신 건가요?

제과제빵을 취미로만 배웠지 전문적으로 배우지는 않았어요. 예전부터 이것저것 손으로 뭘 만드는 걸 좋아해서 빵 만드는 것도 배웠거든요. 근데 여기를 인수하기로 했으니까 두 달 정도는 이전 사장님들이랑 같이 출퇴근하면서 음료랑 빵 만드는 방법을 배웠어요.

카페를 운영하는 콘셉트가 있나요?

아뇨. 특별한 콘셉트는 없어요. 가게에 붙은 스티커나 포스터도 이전 사장님이 해놓으신 걸 그대로 쓰고 있어요. 저는 이런 레트로한 느낌을 좋아하거든요. 요즘 유행에 맞기도 하고요. 그래서 특정 콘셉트를 잡거나 특별한 가치관을 가지고 운영해야겠다고 생각한 적은 없어요. 그냥 좋아해서 시작한 일이니까요.

가게를 찾는 손님들의 연령대는 어떠한가요?

저희 가게에 오시는 분들은 연령대가 진짜 다양해요. 20대부터 50대까지 다 찾아오세요. 빵만 포장해서 가시는 분들도 많고, 조금 젊은 손님들은 가게 밖에 있는 의자에 앉아 커피랑 빵을 먹고 가기도 해요. 주변 인쇄소에 계신 분들도 자주 오세요. 특히 야간 작업이 있을 때 많이들 찾아주시죠. 그런데 재미있는 건 저희 가게에서 만드는 빵 종류가 30~35가지 정도가 되거든요. 손님들이 여러 종류의 빵을 다 사 가지는 않으세요. 몇 종류를 먹어보고 그게 취향에 맞으면 그 빵만 찾으시더라고요.

따로 가게 홍보를 하기도 하나요?

아뇨. 홍보를 따로 하지는 않아요. 지나가는 길에 들어오시는 손님들도 있지만, 대부분 알고 오시는 분들이에요. 여기 위치가 좋은 편은 아니거든요. 다 인쇄소인데 저희 가게만 있으니까요. 그래서 이제는 홍보도 조금 해볼까 해요. 인스타그램에는 사진을 자주 올리는 편입니다.

인터뷰를 하던 도중 〈인쇄골목 미리보기〉라는 이름의 약도를 보게 되었다. 이 약도에는 카페와 소품집, 사진 스튜디오의 정보가 한가득 있었다.

이 약도는 직접 제작하신 건가요?

제가 직접 만들지는 않았어요. 이건 '리을커피' 사장님이 만들었어요. 이거 말고 작년에 나온 약도도 있는데 그건 '파인플랫' 사장님이 만드셨고요. 사실 이 골목 안에 다양한 카페와 소품집이 있는데 모르시는 분들이 정말 많아요. 심지어 인쇄골목이라는 걸 모르시는 분들도 있더라고요. 그래서 알리고 싶은 마음에 만들었다고 하더라고요. 그래서 여러 가게에 약도를 비치해서 사람들에게 홍보를 하고 있죠.

인쇄골목의 오전 풍경을 본 적이 있으신가요.

네. 오픈은 12시에 하는데 빵을 만들려면 일찍 나와야 하니까요. 아침에 나와서 보면 지게차도 분주하게 돌아다니고 사람들도 바쁘게 움직여요.

-

인쇄골목에 대해 어떤 인상을 가지고 있으신가요?

여기는 진짜 옛날 동네 같아요. 요즘은 아파트에 살아서 정이라는 걸 느끼기가 쉽지 않은데, 이 동네는 서로 오가며 말씀도 많이 나누시고, 정이 확실히 많은 것 같아요. 그래서 저희처럼 자영업을 하는 사람들끼리도 가끔 모여서 이야기도 하고, SNS로 소통도 하고 그래요. 특별한 소모임이나 동호회를 결성하지는 않았지만, 서로 응원하면서 발전하려고 하고 있어요. 그래서 '남산동 인쇄골목 미리보기'라는 약도도 기획해서 만들기도 했고요. 실제로 몇몇 가게가 협업해서 인센스를 만들어 판매를 하기도 했어요. 물론 이 골목에서 떠나가시는 분들도 있죠. 그래도 동네 자체는 정감이 있어요. 이 골목이 오랫동안 지금처럼 남아 있기를 바랍니다.

마지막으로 한 말씀 해주세요.

빵을 만드는 일은 생각보다 힘든 노동이에요. 가게가 열려 있는 시간은 얼마 안 되는 것 같지만 준비하는 시간이 오래 걸려요. 마감한 후에 다음 날 만들 빵 반죽을 꼭 해야 하거든요. 숙성 시간이 필요하니까요. 그리고 아침 일찍 가게에 나와서 빵을 만들어야 해요. 이 골목에서는 아마 제가 제일 빨리 나올 거예요. 한참 빵을 만들다 보면, 하나둘씩 트럭이나 지게차 다니는 소리와 인쇄기 돌아가는 소리가 들려요. 그 소리가 들리기 시작하면 또 정신없는 하루가 지나가죠. 그러다 마감 시간이 와요. 마감은 오후 8시에 하는데, 사실 여기는 퇴근 시간대가 지나면 돌아다니는 사람이 거의 없어요. 예전에 인쇄골목이 바쁠 때는 새벽에도 불이 켜져 있는 집이 많았다고 하는데 저는 실제로 본 적이 없어요. 그런 날이 다시 왔으면 합니다.

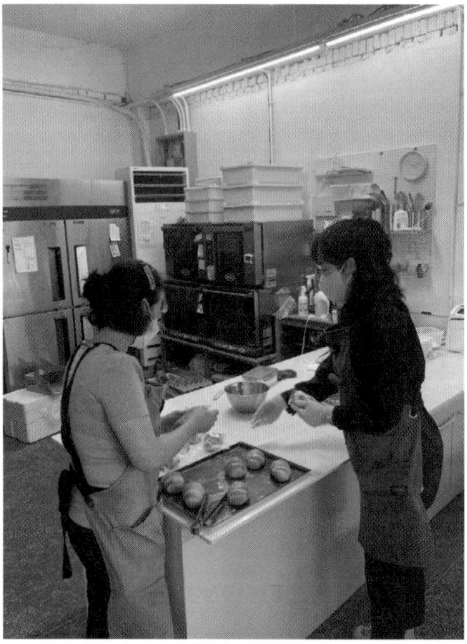

날씨 좋은 날,
이곳에 앉아 남산동을
구경하는 것도 운치 있지 않을까?

8

인쇄소의 아들, 남산동을 디자인하다

즐커피 대표 양온유

'리을커피' 대표의 소개로 '즐커피' 양온유 대표를 만났다. 인쇄골목에 대한 자신의 견해가 뚜렷했고 젊은 층과 소통하기 위해 다양한 활동을 진행하고 있었다. 인터뷰 중간중간 손님이 들어오는데도 인터뷰에 적극적으로 참여해주셨다. 덕분에 인쇄골목에 대한 많은 이야기를 들을 수 있었다.

이곳에서 카페를 시작한 이유가 있으신가요?

제가 사진 일을 오래 했는데 제가 찍은 사진을 전시할 공간이 필요했습니다. 그래서 카페 공간을 만들 생각을 하게 됐죠. 그리고 부모님이 이 동네에 있는 남산교회를 다니시기도 했고, 어릴 적부터 여기서 자라기도 했죠. 가게는 2020년 8월 15일부터 시작했으니까 이제 2년이 다 돼가네요. 이 동네 카페들 중에는 중간 정도의 연차를 갖고 있어요. 여기에 카페가 들어서기 시작한 게 대략 5년 정도 되니까요.

카페 이름인 즐커피를 'KIN COFFEE'로 표기한 이유가 있나요?

kin은 친족, 친척이라는 의미가 있습니다. kind의 어원이기도 하죠. 그런데 이 KIN을 세로로 세워서 보면 '즐'처럼 보입니다. 그래서 '즐'이라고 정했는데 이렇게 표기를 하면 부정적인 인식이 강하잖아요. '상대하기 싫으니까 저리 가'라는 의미로 수용되고 있으니까요. 그래서 'KIN'으로 표기를 했죠. 그래서 KIN 사이다를 떠올리시는 분들도 많아요. 게다가 가게 메인 색깔이 초록색이다 보니 더 그렇죠. 그래서 진짜 사이다랑 계란을 팔아볼까 하는 생각을 한 적도 있습니다. 그런데 초록색 인테리어는 사이다를 염두에 두고 결정한 건 아니에요. 초록색이 편안한 느낌을 주는 색이잖아요. 그래서 인테리어도 그렇고 소품도 그렇고 초록색으로 가득 채웠죠.

어릴 때부터 이 동네에서 사셨으니 인쇄골목에 대해 잘 아시겠군요.

그렇죠. 저희 아버지가 이 동네에서 인쇄 관련 일을 오래 하셨어요. 그래서 제가 그 부분에 대해서는 조금 아는 편입니다. 대구 인쇄는 밑단 인쇄가 많아요. 큰 업체 위주로 운영된다기보다는 작은 업체들이 모여 일을 분담하는 식으로 인쇄 공정을 진행합니다. 그래서 일반 소비자들과 소통하기가 어려운 구조를 가지고 있어요. 이 동네 옆에 있는 봉산동 쪽에 포스터나 종이 인쇄를 하는 인쇄소가 서너 군데 있는데 거기가 소통이 더 잘되거든요. 특히 젊은 사람들은 디자인에 관심이 많고 소량 인쇄를 해야 하는 경우가 많으니까, 이런 쪽으로 소통만 제대로 될 수 있으면 인쇄골목도 활기가 돌지 않을까 생각합니다. 그런데 문제는 이 동네가 영세 업체를 운영하는 분들이 대부분이다 보니까 소통 창구를 마련할 여력이 안 돼요. 차라리 젊은 사람들이 이 동네에 들어와서 인쇄 관련 디자인을 한다든가 인쇄 사업을 한다든가 하는 게 가장 좋은 방법이라고 생각합니다. 그런데 이건 또 자체적으로 해결할 수 있는 문제가 아니죠. 그런 환경을 만들어야 하는 거니까요. 그래서 이런 부분은 시에서 좀 해결해주면 어떨까 하는 생각을 합니다. 사실 이건 제 경험이기도 해요. 저는 사진을 10년 가까이 찍어왔는데, 서울에 있다가 대구에 오니까 소량으로 인쇄할 만한 곳이 없더라고요. 물어보고 싶어도 그럴 수 있는 데가 없기도 하고요. 보통 서울에서는 디지털 인쇄기를 도입한 곳이 있어서 소량 인쇄가 가능한 곳도 많고, 한 곳에 주문을 넣으면 한 번에 인쇄물을 받

을 수 있거든요. 근데 이 동네에서는 그럴 수가 없죠. 대구 장기동만 하더라도 그렇게 적은 양을 인쇄할 수 있는 업체들이 몇 군데 있어요. 하지만 이 골목에서는 아직 오프셋 인쇄기를 사용하시는 분들이 많아요. 오프셋 인쇄는 시장으로 따지면 도매상이거든요. 도매상이 일반 소비자를 만날 일은 없잖아요.

소비자로든 생산자로든 젊은 층의 니즈를 고민할 필요가 있다는 거군요.

젊은 층은 인쇄 기술보다는 디자인 쪽에 관심이 더 많습니다. 그래서 자신이 디자인한 걸 인쇄물로 만들고 싶어 하는데 대구는 서울에 비해 인쇄 비용이 더 많이 들어요. 방금 전에도 말했지만 소량 인쇄를 할 수 있는 곳도 별로 없고요. 그래서 디자인을 하는 젊은 사람들이 대부분 서울로 가는 경향이 있어요. 게다가 요즘은 일반인들도 쉽게 디자인을 할 수 있잖아요. 편의성을 강조한 프로그램들이 많으니까요. 심지어 스마트폰 어플로도 쉽게 디자인할 수 있죠. 그러다 보니까 중간 단계가 사라진 것도 있어요. 예전에는 인쇄를 하려면 디자인 의뢰부터 시작했는데 지금은 그 단계가 빠져버린 거니까요. 현재 인쇄 업계가 양극화되고 있는 건 이런 시대가 반영된 결과라고 생각합니다. 그래서 그런 수요를 충족하려면 소량 인쇄가 가능한 디지털 인쇄 쪽으로 변해야 하는 것 같아요. 앞으로 대량 인쇄는 큰 규모의 인쇄 업체에서 맡을 거고, 작은 업체는 소량 인쇄 주문이 많이 들어오겠죠. 영세 업체가 많은 인쇄골목에서 규모를 크게 늘릴 여력이 안 된다면 소량 인쇄 도입을 고민해야 한다고 생각합니다.

인쇄골목에 대해 많은 고민을 하고 있으시군요. 다른 활성화 방안도 가지고 있나요?

네, 제가 생각했을 때 인쇄골목에 사람들을 불러 모으려고 한다면 인쇄 관련해서 보고, 듣고, 직접 체험할 수 있는 공간을 만들어야 한다고 생각합니다. 인쇄기를 보러 사람들이 찾아오지는 않거든요. 예를 들면 목판이나 금속활자는 체험하기 어려우니까 고무활자를 체험 도구로 활용해서 자신만의 노트를 만들 수 있게 한다든가, 포스터를 직접 만들 수 있게 한다든가 하면 좋을 것 같아요. 이런 체험 공간이 활성화되면 자연스럽게 식당이나 카페가 형성되겠죠. 그러면 사람이 모이는 매력적인 동네가 되지 않을까 합니다. 또 을지로가 부활하게 된 계기를 분석해보면 인쇄골목 활성화에도 도움이 될 것 같습니다. 을지로도 인쇄거리잖아요. 여기랑 비슷했습니다. 그런데 을지로는 낮에는 인쇄 거리가 되고 밤에는 노가리 골목이 됩니다. 물론 처음 노가리 가게들이 을지로에 들어왔을 때는 원래 있던 주민들과 마찰도 많았고 분쟁도 많았어요. 그런데 차츰 자리를 잡아가면서 전국적으로 유명한 동네가 됐죠. 오래되고 작은 건물들이 밀집돼 있는 을지로와 같은 분위기가 나는 인쇄골목도 그런 형태를 따르면 좋겠어요. 저는 인쇄골목이 사라지지 않으면 좋겠어요. 사진을 찍는 사람이라 그런지 예전 것들이 없어지는 걸 선호하지 않거든요. 사실 옛동네가 사라지고 새 동네가 들어서는 건 대구만의 문제가 아니죠. 우리나라 어디를 가도 개발이 이루어지면 옛것이 사라지니까요. 그 동네만의 정서와 문화, 공간이 사라지는 게 아쉽기도 하고 안타까운 마음도 듭니다.

인쇄골목 재개발 이슈도 당연히 아시겠네요.

그렇죠. 여기는 재개발 문제 때문에 16년 가까이 아무것도 못 하고 붙잡혀 있는 지역입니다. 개발이 제한되어 있으니 할 수 있는 게 많이 없어요. 개인적으로는 개발 제한이 풀려야 이 동네도 여러모로 발전하고 개발될 수 있다고 생각하거든요. 그런데 그럴 상황이 안 되니까 아쉽죠. 대구는 상권이 돌아가면서 형성된다고 들은 적이 있습니다. 동성로를 중앙에 두고 삼덕동, 교동, 봉산동 순으로 상권이 개발됐으니, 이제는 봉산동 옆에 있는 남산동이 개발돼야 할 차례죠. 그런데 개발 제한 구역으로 묶여 있어서 술집이나 식당이 들어오기 힘들어요.

동네에서 다양한 행사나 활동을 하신다고 들었습니다.

네. 여러 행사를 하고 있어요. 근데 인쇄골목을 활성화하겠다는 거시적인 안목과 의지를 갖고 하는 건 아니에요. 그냥 이 동네에 사람들이 모였으면 하는 생각에서 여러 가지 활동을 하고 있는 거죠. 그래서 이곳에 자리 잡은 공방이나 베이커리, 카페 같은 곳과 소통하면서 다양한 공감대를 형성하고 있어요. 그리고 디자이너들이 저희 가게에 오면서 소통의 범위를 더 확장했습니다. 그런 소통 끝에 나온 결과물을 포스터나 홍보물로 만들어서 다양한 행사에 활용했죠. 얼마 전에는 플로깅(plogging) 행사를 진행했습니다. 그런데 이걸 저희끼리만 진행하면 힘들어요. 그래서 행정복지센터에 가서 쓰레기봉투도 지원받고, 여러 디자이너들과 협력해 포스터도 만들고 했어요. 그래서 플로깅 행사를 성공적으로 마쳤습니다. 플로깅 행사 전에는 카페 스무 곳을 모아서 예스24 중고서점 옥상에서 프리마켓을 진행하기도 했습니다. 처음에는 그게 잘될까 하는 의문을 가졌던 분들이 많았는데 이 행사도 성공적으로 진행했죠. 그리고 그때의 인연으로 다양한 커뮤니티 활동도 할 수 있게 됐죠. 저는 사람이 모이면 어떤 일이든 할 수 있다고 생각합니다. 사람들이 모이는 게 중요해요.

마지막으로 한 말씀 부탁드립니다.

인쇄라는 게 접근성이 좋은 것 같으면서도 나쁘거든요. 주변에서 복사기나 프린트를 쉽게 볼 수 있으니까 쉬운 것도 같지만, 전문적인 인쇄를 접하는 건 어렵게 느껴지는 거죠. 저는 그런 생각을 풀어주는 일이 필요하다고 생각합니다. 그래야 사람들이 모일 수 있어요. 이미 언급한 이야기지만 인쇄를 체험할 수 있는 공간도 마련하고, 다양한 디자인을 접할 수 있게 포스터도 여기저기 붙여서 인쇄골목에 대한 정보를 알리면 좋겠어요. 특히 일반인들이 편하게 소비할 수 있는 인쇄물이 포스터니까 포스터 인쇄를 전문적으로 하는 인쇄소도 많이 생겼으면 좋겠습니다. 이른바 포스터 문화 골목이라고나 할까요? 그런 대책들이 시행됐으면 하네요. 사실 골목 홍보 차원에서 만든 〈남산동 미리보기〉 약도도 좀 더 크게 제작하고 싶었습니다. 더 구체적이고 다양한 내용을 넣어서 만들고 싶은 생각이 있어요. 그리고 앞으로도 플로깅 행사나 프리마켓도 지속적으로 진행할 생각입니다. 가만히 있는 것보다 계속 움직이고 여러 사람들과 소통하면 지금보다 더 좋아지지 않을까요? 그리고 이게 지속되면 조금씩 이 동네를 아우르는 공동체가 생기지 않을까 생각합니다.

대구 인쇄와 인쇄골목을 조망하다

네 번째 기록

1

대구 인쇄가 걸어온 길

일제강점기

조선 후기에는 목활자를 이용한 목판 인쇄가 활발히 이루어졌다. 1886년에는 관영 인쇄소가 설치되고 신문물이 도입되면서 각종 인쇄물의 수요가 증가했고 민간 인쇄 업체가 등장하기 시작했다. 그러나 서울을 제외한 지방에는 인쇄소가 거의 설립되지 않았다. 이후 대구에서는 목판을 이용한 인쇄가 확산되었는데, 후학들의 교육을 위한 서적을 인쇄하기도 하고, 문집이나 족보, 사전류 등을 인쇄해 발행하기도 하였다. 20세기에 들어와 을사늑약이 체결되고 난 이후 대구에서는 국민들의 교육 수준을 높이고 뛰어난 인재를 양성하기 위해 교육과 출판에 관심을 갖게 되었다.

1906년 1월에 설립된 광문사는 대구 사람들의 이러한 요구에 부응해 설립된 출판사이다. 광문사는 영리를 목적으로 한 방각본* 출판사이기는 했지만 영리보다 국민 계몽을 위한 서적과 잡지를 출판하고 발행하는 데 우선적인 목표를 두었다. 그래서 외국의 신학문을 도

* 민간 업자가 영리를 목적으로 만든 책으로 주로 목판으로 인쇄하였다.

입하고 실학자들의 저술을 번역해 편찬하는 등 국권을 회복하기 위한 계몽운동을 지속적으로 전개하였다. 특히 광문사의 사장 김광제와 부사장 서상돈은 일본의 국채 상환이 국권 회복의 단초가 될 수 있다는 판단을 하고 국채보상운동을 제안하기도 하였다. 이런 취지에서 1906년에 간행한 〈월남망국사(越南亡國史)〉는 국채보상운동을 확산시키는 매개체가 되었고 일선 사립학교의 교재로도 사용되었다.

지금의 대구 중구 포정동, 당시 동상후정에서 1907년에 설립된 재전당서포는 목활자와 납활자로 방각본을 인쇄해 출판하던 출판 인쇄 업체였다. 재전당서포에서는 『동몽선습(童蒙先習)』을 시작으로 『의례경전통해보(儀禮經傳通解補)』, 『효경대의(孝經大義)』 같은 유학 서적과 『전운옥편(全韻玉篇)』, 『천자문(千字文)』 같은 실용서를 목활자로 인쇄해 출간했다. 또한 『진본황극책수(眞本皇極策數)』, 『통학경편(通學徑編)』 같은 취미 서적은 납활자로 출간하였다. 이 외에도 다양한 고전소설도 발행했는데, 1934년에 출간된 『박효낭전(朴孝娘傳)』을 끝으로 총 90여 종의 서적을 출간한 것으로 추산되고 있다.

1911년에는 일본 자본으로 대구 포정동에 대구인쇄합자회사가 설립되었다. 대구인쇄합자회사는 일제시대를 통틀어 한강 이남에서 가장 큰 인쇄 업체였다. 1920년을 기준으로 이 업체의 직원은 63명이었고, 자본금은 3만 원, 공장의 규모는 112평에 이르렀다. 1918년에는 한남인쇄소가 설립되었는데 관수용 인쇄를 독점한 일본 인쇄 업체와 비교하기 힘들 정도로 열악했다. 주로 서문시장의 장부나 서식 등을 인쇄해 사업을 운영해 나갔다. 그러다가 1919년 3.1 운동 독립선언서 인쇄를 계기로 모든 관영 인쇄물의 인쇄는 일본인 인쇄소에서 독점하면서 국내 업체들이 크게 위축되었다.

1910년대 대구의 인쇄업은 대구인쇄합자회사가 시장을 독점하고 일본인의 영세 인쇄소가 하청을 받는 형태로 운영되었다. 다만 한남인쇄소처럼 틈새를 노려 대구 민족 자본가와 시장 자본을 바탕으로 사업을 영위해 나가는 국내 업체도 있었다.

1920년대는 인쇄 산업이 차츰 활기를 띠기 시작하는 시기였지만, 일본인이 인쇄계를 완전히 장악한 시기이기도 했다. 그 상징적인 사건이 1921년 경북인쇄합자회사의 설립이다. 경북인쇄합자회사는 일본인 가치바나 한조가 설립했는데, 초기에 39평 규모에 직원 23명을 두고 운영했다. 시간이 지나면서 10년 전 요시다케가 설립한 대구인쇄합자회사와 쌍벽을 이룰 정도로 규모 면에서 압도적이었다. 활판 중심의 대구인쇄합자회사와 달리 경북인쇄합자회사는 석판 중심의 컬러 인쇄에 주력했다. 이후 우리 자본으로 설립된 인쇄소도 설립되었지만 대부분 영세 업체였고 그마저도 인쇄·출판의 감시를 강화해 국내 자본의 인쇄업 진출을 가로막았다.

1930년대는 인쇄 업계 내에서도 일본인 지배와 조선인 피지배 구조가 확연히 드러나는 시기였다. 대구 인쇄업에 종사하는 사람들 가운데 일본인은 기술·관리직에만 있었고, 대부분의 조선인은 단순 노동직을 맡았다. 그럼에도 불구하고 명신인쇄소, 삼흥사인쇄소, 보문당인쇄소 등과 같이 작은 규모이기는 하지만 국내 자본으로 설립된 인쇄 업체들이 꾸준히 설립되었다. 그러나 1936년 일본인들이 대구인쇄합자회사의 요시다케를 내세워 경북인쇄조합을 결성한다. 경북인쇄조합은 일본인들이 자신들의 권익을 보호하고 인쇄를 독점하기 위해 창립한 조합이었다.

1940년대에도 국내 자본으로 만든 인쇄소가 꾸준히 설립된다.

1940년에는 대구 종로2가에 삼흥사인쇄소가 개업하였고 1943년에는 삼덕동3가에 보문당인쇄소가 설립되었다.

일제 말기에는 전국 인쇄 업체 619개 중에서 10%가 넘는 69개 업체가 대구 · 경북 인쇄 업체였다. 대구 · 경북에는 당시 700여 명의 직원이 인쇄업에 종사하고 있었고, 석판기 1대, 활판기 148대, 오프셋기 1대, 재단기 31대를 보유하고 있었던 것으로 추정된다.

해방 후~1980년대

해방 후에는 경북인쇄조합이 해체되었는데, 이와 별개로 인쇄 업계는 큰 혼란을 겪었다. 패전 이후 일본인들이 물러가면서 기술과 자재 공급이 지속되지 않았고, 불경기가 오면서 조업 역시 중단되었다. 이 때문에 인쇄 업체들의 휴업과 폐업이 계속 이어졌고, 결국 대구 · 경북 인쇄 업체의 수는 56개로 축소되었다. 대구 인쇄 업계는 불경기를 벗어나기 위한 방법으로 근대식 인쇄 시설들을 도입하기 시작했다. 이 과정에서 수동 주조기를 구비한 청구출판사가 1948년에 지금의 대구 삼덕동 자리에 설립되었다. 청구출판사는 그 이전까지는 대구에서 볼 수 없었던 신식 시설을 도입한 큰 규모의 인쇄 업체였다. 이후 6.25 전쟁 이전까지 10여 개의 인쇄 업체가 더 설립되었고 경기도 차츰 회복되기 시작했다. 그런데 이 무렵에 일본 자본의 상징이었던 대구인쇄합자회사가 도산하면서 일본 독점 자본의 종언을 선언하게 된다.

1950년에는 우리나라의 인쇄인들이 경북인쇄공업협동조합을 창설했는데 전쟁으로 활동이 중단되었다. 전쟁이 발발하자 서울 인쇄 업체들이 대구로 피난을 오게 된다. 이 당시 대구는 국토방위의 최전선이자, 군대와 공공기관의 피난처가 되면서 전쟁 특수를 누리게 된다. 이 무렵 금속, 섬유 등의 대구 주력 산업이 엄청난 성장을 이루었고, 대구의 인쇄 업계도 서울 피난 업체들의 신식 인쇄 시설을 경험하면서 자극을 받고 발전하게 되었다. 그러나 인쇄 업계 전체를 봤을 때는 서울 인쇄 시설의 70% 이상이 파괴될 정도로 재기 불가능의 피해를 입었다.

한편 1950년 국내에서 처음으로 활자 주조기가 제작되었다. 개발한 사람의 이름을 따서 유기종이라고 이름 붙였는데, 좋은 평가를 받으면서 1호기뿐 아니라 2호기, 3호기, 4호기도 제작하였다. 외국의 인쇄 기계를 그대로 모방하지 않고 독자적으로 기술을 개발했고, 한 번에 두 가지 활자를 주조하는 장치라는 점에서 높은 평가를 받았다. 그러나 이후 자동 활자 주조기가 개발되면서 유기종 활자 주조기의 생산은 중단되었다.

휴전이 선언된 후 1954년을 기점으로 한국은 고도성장기에 진입한다. 이에 따라 대구의 인쇄 업계도 빠른 속도로 성장하는데, 이 시기 업체들은 규모나 시설 면에서 현대화의 기반을 마련하였다. 업체들의 규모가 커지고 현대화되면서 인쇄의 고급화가 실현되었다. 이때 인쇄 업계와 잉크 업계가 갈등을 일으켰는데, 인쇄 업계에서 국내 잉크의 나쁜 질을 지적하며 외국산 잉크를 사용했기 때문이다.

1960년대 초 대구 인쇄 업체들은 오프셋 인쇄기를 본격적으로 도입하였고 시설과 규모를 고도화하였다. 1960년대 후반에는 경제가 고도로 발전하면서 저비용, 고품질 수요가 크게 늘었고 인쇄 비용도 안정화되었다. 한편 1968년에는 경북인쇄소에서 지방 최초로 자동 오프셋 인쇄기 1대와 자동 활자 주조기 3대를 도입하였다. 이후 자동 오프셋 인쇄기를 도입하는 업체가 급속도로 증가하였다. 1972년에도 경북인쇄소는 최신 시설인 원색 자동 오프셋 인쇄기 1대와 동판 자동 인쇄기 1대를 이탈리아에서 도입해 인쇄물의 고급화를 예견하고 그 추세에 대비하기도 했다.

이 시기 인쇄 업계에 긍정적인 일만 있었던 것은 아니다. 1973년에 국제 펄프 가격이 급등하고 석유 파동이 일어나면서 종이 가격이 최소 15%, 최대 50% 이상 뛰게 되었다. 게다가 이마저도 구하지 못해 인쇄 업계 전체가 큰 타격을 입었다. 1970년대 후반에 설립된 인쇄 업체들은 3공단이나 외곽 지역으로 자리를 잡아 규모를 키우고 오프셋 인쇄기 같은 신식 설비를 도입하였다. 또한 경북인쇄소는 직원이 200명이 넘는 중소기업으로 성장하였다.

그러나 1980년에 다가온 불황은 인쇄 업계에도 큰 충격을 주어 수많은 업체가 수익성 악화와 경영난에 시달리게 되었다. 이와 동시에 각 신문사는 신문뿐 아니라 일반 인쇄물까지 생산할 목적으로 2색, 4색 오프셋 윤전기와 다색 오프셋 윤전기를 도입하였다. 이 때문에 인쇄 업계와 언론사가 갈등을 일으켰다. 대구 지역도 마찬가지였는데 대구 인쇄인들이 영남일보의 인쇄 영업 행위를 배제하기 위한 결의문을 채택하기도 했다. 정부 기관 역시 인쇄 시설을 확장하면서 인쇄 업계는 더 큰 위기에 내몰리게 되었다.

1980년대 후반이 되자 인쇄 업계는 인건비 상승으로 인한 임금 압박까지 받게 되었다. 인력난도 가속화되었다. 더 이상 육체적으로 힘든 인쇄 업체에 지원하지 않았기 때문이다. 이러한 인력난은 역설적으로 인쇄 설비의 자동화와 고급화를 앞당겼다. 한편 최신식 기계를 선구적으로 도입했던 경북인쇄소는 1982년 폐업하게 되면서 컴퓨터 시대의 시작을 알리는 시대적 종언의 상징이 되었다.

1990년대 이후

1990년대 우리 사회가 정보화시대에 돌입하면서 인쇄 환경도 급격하게 변화하였다. 게다가 국내 인쇄 시장이 외국인들에게 개방되면서 인쇄 업계도 무한 경쟁 시대에 접어들게 되었다. 인쇄 업체들은 이런 환경에 적응하기 위해 컴퓨터와 자동화 설비를 도입하고, 고속 대량 생산을 위한 오프셋 윤전기를 구비하였다. 한편 기업이나 백화점이 요구하는 다양한 색감의 홍보물 제작 수요가 증가하면서, 5도와 6도 오프셋 인쇄기를 도입하는 업체도 있었다.

반면 사무용 인쇄 시장은 급격히 위축되었다. 개인용 컴퓨터와 프린터의 발달로 사무 자동화가 이루어졌고, 전자 출판이 도입되면서 인쇄 제작은 컴퓨터가 주도하는 디지털 기술 혁명 시대에 돌입하였다. 인쇄 시설의 자동화는 기술적 측면에서 더욱 고도화되었고 인쇄 제판 시설은 간소화되었다.

2000년대 인터넷이 고도로 발달하면서 종이 없이도 수많은 정보를 열람하고 홍보할 수 있는 시대가 열렸다. 2010년 이후에는 디지털 정보 혁명이 가속화되고 정보 생산 속도와 양이 기하급수적으로 증가하면서 모든 정보를 인쇄할 수 없는 시대가 되었다.

인쇄 기술이 디지털로 급격하게 전환되는 환경은 대구 인쇄 업계의 대부분을 차지하는 영세 업체에 큰 충격을 주었다. 이런 상황에서도 대구 영세 인쇄 업체의 40% 이상이 몰려 있는 남산동 인쇄골목의 업체들은 디지털 인쇄기를 도입해 변화에 대응하고자 노력하였다. 그러나 지가 상승과 재개발 압박으로 인쇄골목 전체가 쇠퇴 위기에 놓여 있다. 인쇄골목 대부분 업체 운영자의 연령이 60대 이상인 것을 감안하고 젊은 사람들이 인쇄업에 지원하지 않는 것을 고려하면 남산동 인쇄골목은 10년 안에 사라질 가능성이 크다. 물론 대구시에서 인쇄 집적지인 인쇄골목의 기능을 분담하기 위해 출판산업단지를 조성했지만 이전한 업체는 얼마 되지 않고, 그마저도 규모가 큰 업체만 입주하고 있다.

2
남산동과 인쇄골목의 역사와 현재

위치

인쇄골목이 위치한 남산2동은 대구 중구의 중심인 반월당에 인접해 있으며 지하철 1, 2, 3호선이 모두 통과하는 교통의 중심지이다. 2020년에는 동쪽 지역까지 확장되고 이편한세상과 롯데캐슬이 입주하면서 대구의 새로운 중심 상권이 될 가능성이 높은 지역이다. 남산2동은 500여 개의 인쇄 업체가 집중되어 있는 대구 인쇄 사업의 중심지이기도 하다.

남산2동의 인쇄 업체는 계산오거리에서 남문시장 네거리까지 700여 미터에 달하는 거리에 주로 자리 잡고 있다. 남산2동은 대구 중구에 속해 있는데, 중구는 대구 상권의 중심지이자 교통의 요충지이다. 나아가 금융, 유통, 행정기관이 밀집해 있는 곳이며 역사와 문화유산이 잘 보존되어 있는 곳이다. 특히 남산2동 주변은 지리적으로 경제적 · 문화적 가치를 지닌 공간이다.

인쇄골목을 중심으로 동쪽에는 봉산문화거리가 있고, 남쪽에는 자동차부속골목이 있으며, 북쪽에는 한약방과 약업사, 한의원 등이 몰려 있는 약전골목이 있다. 또한 인쇄골목 근방에는 서현교회, 제일교회, 계산성당 등의 종교 시설이 들어서 있고, 서문시장과 염매시장, 남문시장 같은 재래시장도 위치해 있다. 달구벌대로와 신천대로가 가까이 있어 시 외곽으로 진출입이 쉽고 반월당역도 가까이에 있어 접근성이 뛰어나다. 인쇄골목은 남산동의 이런 지리적 환경을 바탕으로 인쇄 집적지를 이룰 수 있었다.[*]

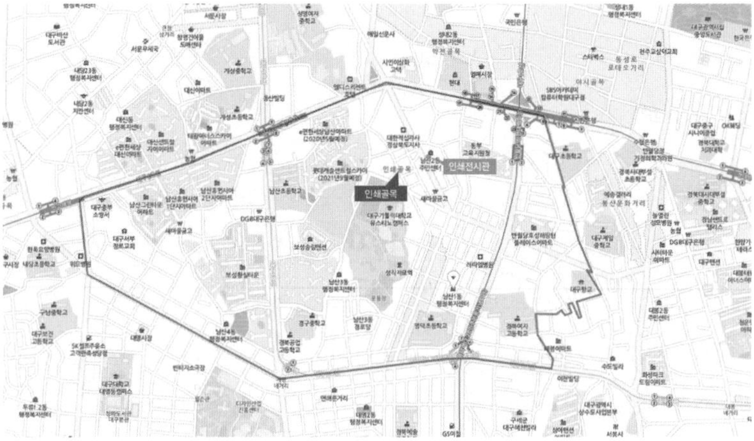

시선을 남산동에서 중구로 확장해 인쇄골목을 조망해 보면 인쇄 집적지로서의 지리적 매력이 더욱 잘 드러난다. 도시에서 '중구'는 일반적으로 도시의 중앙이자 사람들이 몰리는 도심지이기 때문에 수많은 사업체들이 집중되는 지역이다. 그런데 대구의 중구는 사업체가 전반적으로 감소하고 있는 편인데, 반대로 인쇄 업체의 수는 증가하고 있다. 게다가 대구 인쇄 업체가 중구, 특히 남산2동의 특정 위치에 몰려 있는 집적도는 서울보다도 높다. 그만큼 인쇄 집적지로서의 인

* 박성욱(2003), 「인쇄프로세스를 통한 남산동 인쇄거리 재구성을 위한 건축계획 연구」, 영남대학교 건축디자인대학원 석사학위 논문 참고.

쇄골목이 지닌 매력이 높고, 업체를 인쇄골목으로 흡입하는 요인이 강하게 작용한다고 볼 수 있다. 다만 2018년 이후에는 인쇄골목의 인쇄 업체가 조금씩 감소하고 있다.

형성의 역사와 현황

남산동 인쇄골목의 역사는 1930년대에 활판 인쇄 업체들이 남산동에 모여들면서 시작되었다. 당시 이 골목에는 유흥가가 조성되어 있었고 인쇄 업체는 서상로나 봉산동에 몰려 있었다. 그 당시까지만 하더라도 인쇄골목이라고 이름 붙일 만큼 많은 업체가 모여 있던 것은 아니었다. 그러다가 6.25 전쟁이 일어나고 수도권의 기간 시설을 대구로 옮겨오면서 대구는 큰 변화를 겪게 되고, 인쇄업 역시 수도권의 최신 기술을 경험하면서 급격하게 발전하게 된다. 1960년대에는 중구에 있던 인쇄 업체들이 프린트와 공판 인쇄*를 중심으로 인쇄 수요를 맞춰 나갔다.

1970년대 초에도 지금의 인쇄골목 자리에는 5개 정도의 인쇄 업체밖에 없었다. 이런 골목이 지금의 모습을 갖추기 시작한 것은 70년대 말부터이다. 당시 대구 인쇄 업체는 지금의 중앙로 통신골목 쪽에 모여 있었지만, 도심이 팽창하고 고급 양장점과 유흥업소가 들어서면서 지가가 상승해 많은 인쇄 업체들이 지금의 봉산동과 남산동으로 옮겨가게 된다. 그러나 봉산동은 문화 관련 업체가 많았기 때문에 이곳에 있었던 인쇄 업체들도 다시 남산동으로 이전하게 된다. 이 시

* 인쇄 방식의 하나로 형지에 구멍을 뚫어 판을 만들고, 판의 구멍을 통해 판 아래에 있는 종이 표면에 인쇄 잉크나 안료로 구멍의 모양대로 찍어내는 방법.

기에는 평판 마스터 인쇄가 주력 인쇄 기술이었다.

1980년대 중반이 되자 인쇄골목에는 1,000여 개의 출판·인쇄 업체가 들어섰다. 아시안 게임과 올림픽이 86년과 88년에 연달아 열리고 경기가 호황을 맞으면서 골목에 인쇄 주문이 물밀듯이 밀려왔다. 오프셋 인쇄를 중심으로 인쇄골목은 24시간 내내 불이 켜져 있었고 인쇄기 돌아가는 소리가 쉬지 않고 들렸다고 한다. 이 시기에 인쇄골목은 수도권을 제외하고 지방 최대 규모의 인쇄 단지라는 별명이 붙었다.

80년대의 호황은 90년대에도 이어진다. 인쇄골목에는 어느덧 2,000여 개의 업체가 빼곡히 들어차 있었고 인쇄기도 여전히 밤낮없이 돌아갔다. 이 시기에는 컴퓨터를 이용한 디지털 인쇄가 인쇄골목에도 본격적으로 도입되었다. 인쇄골목이라는 이름이 가장 잘 어울리는 1990년대를 지나 2001년이 되면서 대구 중구에서는 인쇄골목을 공식적으로 '남산인쇄거리'로 지정하였다. 2000년부터 2005년까지 총 6회에 걸쳐 대구인쇄문화축제도 개최하였다. 축제 기간 전통 인쇄 체험, 현장 실습과 함께 인쇄 관련 기계를 전시함으로써 대구의 명물 거리는 인쇄골목이라는 인식을 확고하게 심어줄 수 있었다.

그러나 2010년대에 들어서면서 컴퓨터와 스마트폰의 발달로 인쇄 물량이 급격하게 줄어들고 인쇄골목 업체들의 매출도 급감하게 된다. 2013년에는 대구 출판산업단지가 조성되면서 지가 상승과 재개발 압력을 받는 인쇄골목의 인쇄 집적 기능을 이전하려고 했지만 아직도 많은 업체가 인쇄골목에 상주해 있다. 이런 상황은 대구시에서 제공하는 〈사업체 조사 보고서〉에서 확인할 수 있다.

	대구		중구	
	사업체 수	종사자 수	사업체 수	종사자 수
2010년	1,010	3,458	595	1,539
2011년	985	3,267	583	1,512
2012년	1,018	3,177	596	1,565
2013년	1,008	3,298	571	1,359
2014년	1,045	3,578	572	1,435
2015년	1,087	3,786	596	1,520
2016년	1,095	4,134	596	1,552
2017년	1,102	4,126	599	1,606
2018년	1,017	3,851	541	1,505
2019년	972	3,810	498	1,417

대구시 「사업체 조사 보고서」, 인쇄 및 기록매체 복제업 통계 자료

중구의 인쇄 업체와 종사자 수는 2018년 이후 점차 감소하는 추세를 보이고 있지만, 그전까지는 조금씩 늘었다 줄었다를 반복하는 양상을 보인다. 인쇄골목의 매출이 급감하고 대구 출판산업단지 조성으로 인쇄 업체가 분산되기는 했지만, 인쇄 집적지로서의 매력이 아직까지 이어지고 있다고 볼 수 있는 것이다. 다른 한편으로는 인쇄 기술이나 시설을 갖춘, 순수한 의미에서의 인쇄 업체보다는 기획과 영업 역량이 있는 업체들이 인쇄업으로 사업자를 내면서 업체 수의 실질적 감소가 눈에 띄지 않는다고 추정할 수 있다.

2017년에는 남산2동 행정복지센터 앞에 인쇄 발달사를 한눈에 조망할 수 있는 인쇄전시관이 개관했고 지금도 무료로 개방하고 있다.

특성과 한계

인쇄골목은 2000년대 중반을 기준으로 영세 업체의 비율은 높지만 연간 매출액은 다른 지역보다 높게 나타난다. 매출액이 다른 지역보다 높게 나타나는 이유는 낮은 판매 단가와 높은 기술력 때문인 것으로 보인다.

인쇄골목의 판매 단가는 전국에서도 저렴한 편이다. 인쇄 공정에 필요한 모든 업체들이 한곳에 모여 있어서 업체 간 경쟁이 판매 단가를 하락시키는 요소로 작용하기 때문이다. 최근에는 인터넷에 판매 단가가 공개되면서 가격을 하락시키는 요인으로 작용하고 있다. 그런데 완성된 인쇄물 단가가 대형 업체에 비해 꼭 저렴한 것은 아니다. 대형 업체는 자체적으로 대부분의 인쇄 공정을 소화하기 때문에 단가 효율성이 높다. 하지만 인쇄골목은 여러 공정의 영세 업체들이 단계별로 인쇄를 진행하기 때문에 단가 효율성이 떨어진다. 한편 인쇄골목 업체들의 기술력은 전국적으로 높은 편이다. 대구 인쇄 산업이 오래되고 규모도 큰 만큼 오랜 노하우를 가진 업체가 많다. 또 업체마다 고도로 특성화된 분야가 각기 다르고 웬만한 지역에서 하지 못하는 특수 인쇄를 남산동 인쇄골목의 업체들은 진행할 수 있다.*

이 외에도 지리적으로 좁은 지역에 인쇄에 관련된 다양한 업체가 집중되어 있어 물류 비용과 시간을 절약할 수 있다. 또한 남산동은 공정별 생산 연계가 잘 이루어지고 있는 인쇄 집적지이므로 소규모 자본으로도 충분히 인쇄업을 할 수 있는 환경이다. 다만 인쇄 설

* 이혜경(2009), 「대구시 인쇄 집적지의 특성과 최근 변화–중구 남산인쇄거리를 중심으로」, 대구대학교 석사학위논문 참고.

비는 공정이나 자동화와 고급화 정도에 따라 1억 원대에서 100억 원대까지 천차만별이므로 주력 분야에 따라 투자 비용에 차이가 생길 수 있다.

한편 인쇄골목의 생산 연계 요인을 살펴보면 인맥보다 기술적 측면을 고려해 하청 관계를 맺는 경우가 많아졌다. 그리고 생산과 직접 연계된 하청 관계는 강한 편이고 협력 관계는 약한 편이다. 또한 대구를 제외하면 경상북도와 부산, 경상남도 지역이 기술적·관계적 측면을 바탕으로 관계가 형성되고, 수도권은 기술적 측면을 기준으로 관계가 형성된다. 이러한 변화는 현재 공간적 거리보다 기술이 인쇄골목 업체들의 계약 관계에 더 큰 영향을 미치는 요소라는 사실을 보여 준다.

다만 인쇄골목에 있는 업체들은 여전히 입지적 중요성을 크게 인식하고 있다. 골목의 지가 상승과 재개발 압박에도 불구하고 인쇄 업체들이 다른 장소로 이전하지 않는 이유는 집적 경제의 이익과 교통의 편의성을 포기할 수 없기 때문이다.

문제는 업체들이 인쇄골목에 남아 있다 하더라도 사업을 운영할 수 있는 역량이 점차 양극화되고 있다는 데에 있다. 인쇄 기술자가 고도의 훈련과 경험을 통해 습득한 기술은 이제 기계나 설비로 대체할 수 있다. 그렇기 때문에 대규모의 자본을 투자해 시설을 갖출 능력이 있고 영업과 기획 역량이 있는 운영자는 인쇄업을 지속할 수 있다. 하지만 기술과 경력만 지닌 운영자는 더 이상 살아남기 힘든 구조다. 또한 앞에서도 언급했듯이 남산2동의 개발 모멘텀*이 강해지

* 한 방향으로 지속하려는 성질. 본래 물리학에서 사용되는 용어이지만 사회적 현상을 설명하는 데에도 사용된다.

면서 지가 상승과 재개발 압력은 막을 수 없을 것으로 보인다. 이보다 더 큰 문제는 업체 운영자들의 고령화이다. 젊은 인력이 들어오지 않는다면 운영자가 노령을 이유로 은퇴하는 수만큼 인쇄골목의 업체 수도 줄어들 가능성이 크다.

사진으로 본 인쇄골목

다섯 번째 기록

인쇄골목의 상징 지게차

이른 아침, 남산동 인쇄골목에 활기를 싣고 나르는 지게차

인쇄에 있어서 정확성을 설명해주는 장면

인쇄에서 가장 중요한 것은 바로 정확성이다. 그런데 기계가 정확하다는 건 편견이다. 기계에 의존하게 되면 반드시 오류가 생긴다. 결국 사람의 오랜 노하우가 필요한 지점이 있다.

결혼식 방명록 인쇄물

한 예식장에서 의뢰한 결혼식 방명록이다. 재단소 대표께서 인터뷰 당시 방명록에 구멍을 뚫는 작업을 하고 있었는데, 의뢰자의 요구 사항이 계속 번복되었다. 그러면 인쇄 결과물은 처음부터 다시 작업해야 한다.

도무송과 지기

남산동 인쇄골목에서는 도무송과 지기라는 말을 찾아 볼 수 있다. 지기는 원래 '직'으로 종이를 찢을 때 내는 소리나 모양을 일컫는데, 남산동에서는 이를 지기라고 표현하기도 한다. 도무송은 일본식 발음으로 영어의 '톰슨'에서 유래되었다고 한다.

한국제책사

재단 작업이 한창인 장면이다. 바닥에는 재단을 하고 난 흔적들이 역력하다.

대보사

작업을 마친 족보들이 한가득 쌓여 있는 모습이다. 새로운 족보가 나오면 대구·경북권에 있는 대학교를 비롯하여 족보 박물관과 해외민족연구소 등에 보내진다고 한다.

도무송 작업 방법

책을 제외한 대부분의 인쇄 작업에서 도무송은 마지막 공정으로 들어간다. 의뢰자가 요구하는 모양에 맞게 제작된 나무판에 종이를 눌러주면 작업이 완료된다. 스티커 작업은 대부분 이 도무송 작업을 통해 마무리된다.

남산동에서 명륜로길와 재마루길

현재 남산동 인쇄골목은 명륜로길과 재마루길이 교차하는 지점을 중심으로 방사형을 그리며 형성되어 있다. 카페도 이 작은 교차로에 두 곳이 있고, 이곳을 중심으로 여러 카페가 들어서면서 카페골목이 형성되고 있다.

신라하이델 도무송

몇 번을 찾아뵙고 인터뷰 요청을 드렸지만, 끝내 인터뷰를 하지 못한 집이다. 평생을 도무송 일만 해왔다고 하셨는데, 그에 대해 할 말이 없으시다는 말이 내내 머릿속을 맴돈다.

스크린 인쇄소

대구 계산오거리는 번화가에 맞닿아 있다. 거기에서 불과 100미터도 되지 않는 곳에 오랫동안 문이 닫혀 있는 스크린 인쇄소가 빈 건물로 남아 있다. 그리고 그 주변에도 '임대'라고 적힌 현수막을 몇 군데 찾아볼 수 있다.

제본기

페이지를 정렬하는 기계이다. 각 거치대에 종이를 페이지별로 두면 자동으로 한 묶음씩 정렬이 된다. 그런데 여기서 페이지가 뒤바뀌거나 종이가 반대로 들어갈 경우 모든 작업을 다시 해야 한다. 그만큼 정확성을 필요로 하는 작업이다.

재단기

인쇄 공정이 끝나면 책 크기에 맞게 종이를 깔끔하게 자르는 공정이 이어진다. 보기와는 다르게 상당히 위험한 작업이다. 작두처럼 생긴 큰 칼날이 내려와 종이를 자르기 때문이다.

로터리 인쇄기

롤로 된 용지를 넣어 그 위에 색상을 겹겹이 쌓아 인쇄물을 만들어내는 기계이다. 색상을 어떠한 방식으로 입히는지에 따라 인쇄물이 달라진다. 전문성이 있어야 이 기계를 다룰 수 있다.

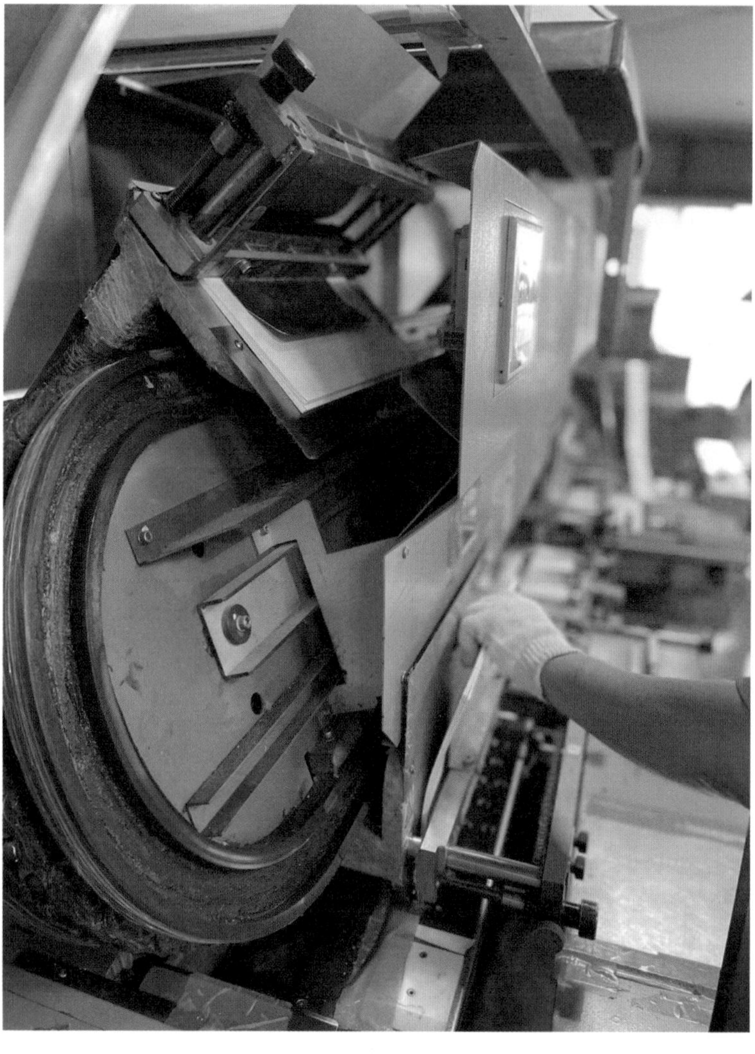

제본기

제본의 마지막 공정에 필요한 기계이다. 제본할 페이지가 정해지면, 그에 맞게 표지를 재단하고 책등과 종이를 풀로 붙여 완성품이 나온다. 작업 전에 책등에 글자가 제대로 들어갔는지 확인해야 한다.

오프셋 인쇄기

4컬러 오프셋 인쇄기이다. 예전에는 1컬러, 2컬러가 있었지만 지금은 고도화가 되어 그 이상의 색상을 낼 수 있다. 이 기계는 7억 원 정도로, 미술 작품집이나 고급 인쇄 제품에 많이 활용된다고 한다.

1960년대 활판 인쇄기(오른쪽)와 1970년대 탁상인쇄기(왼쪽)

남산동 인쇄전시관에 전시된 인쇄기이다. 남산동에서 오랫동안 작업을 한 기계를 기증받아 전시해두고 있다.

활판 공정

남산동 인쇄전시관에 전시된 활판이다. 글자의 크기와 글자 모양에 따라 손으로 하나하나 활판에 끼워야 하는 수고로움을 거쳐야 비로소 인쇄할 수 있다.

대구 남산동 인쇄골목 구술 자료

부록 1

남산동 인쇄골목 인터뷰에 참여해주신 분들 대부분은 대구 토박이, 혹은 최소 30년 이상 이곳에서 인쇄 관련 일을 해오신 분들이다. 그래서 대구 지역어, 혹은 경상도 사투리를 대부분 쓰고 계신다. 이와 더불어 인쇄와 관련된 생소한 어휘들까지 그대로 전달이 된다. 본문에서는 독자들의 가독성을 위해 표준말로 수정을 하였지만, 실제 현장감을 생생하게 전달하기 위해 몇몇 인터뷰 내용을 그대로 독자들에게 전하고자 한다. 부록 구술의 기준은 인쇄 세부 분야별, 대구 토박이 구술자임을 밝힌다.

도무송, 그냥 인쇄라고 말합니다

연령대: 50대
구술연도: 2021년 9월 27일

인터뷰를 다니면서, 종종 도무송이라는 간판을 많이 봐왔습니다. 도무송에 대한 인터뷰는 오늘 처음이라 그런데 도무송이 무엇인지 궁금합니다.
원래 이게 톰슨인데, 톰슨 카는 게 있으예. 이게 재단한다는 이런 뜻으로 이게 도무송이 일본식 발음이에요. 일본에서 넘어온 기라고. 원래는 직*이라 카기도 하고, 직. 종이를 뭐 자른다 뭐, 이런 뜻이기도 하고, 우리나라식으로 하면 직이고, 미국식으로 하면 톰슨, 일본식으로 하면 도무송. 도무송이 뭐하는 곳이냐 하면 박스 만들고, 그니깐 일반적으로 인쇄를 하잖아요? 그런 다음에 코팅을 하지요? 그다음에 박스를 만들고, 스티커 모양을 내서 반칼을 따거나, 그다음에 리플렛 같은 거 보면은 파일 같은 거 있죠? 그것도 다 칼 모양을 만들어서 따내는 일을 하는 게 도무송에서 하는 일입니더. 그래서 마무리 작업을 하는 곳이지요. 칼 따고 오시 하고. 종이가 어떤 사이즈가 오면 거기에 맞게 판을 짜서 작업을 하는 일입니다. 일반인들은 잘 몰라요. 친구들한테도 그냥 도무송한다고 하지 않고 인쇄한다고 합니

* 직은 줄이나 획을 세게 한 번 긋는 소리나 그 모양 혹은 종이나 천 따위를 세게 찢는 소리 또는 그 모양을 일컫는 말이다. 그런데 인쇄 골목에서는 대부분 '지기'라고 표현하고 있었고, 몇몇 인쇄소에서는 간판에도 그렇게 표기해둔 곳이 있었다.

다. 인쇄업자들은 아는데 일반인들은 도무송 카면 몰라요. 책은 날개 접히는 부분은 오시가 들어가지요? 접히는 부분이나 짤리는 부분을 만들어서 제책사로 넘어가는 거고, 책 이외의 다른 인쇄물들은 다 도무송에서 마무리 공정이 되지요. 오시라는 작업이 바로 접히는 부분입니더.

이 일을 어떻게 시작하셨는지, 얼마나 일을 하셨는지 궁금합니다.

저는 이 일을 벌써 20년이 됐는데, 제가 올해 50인데, 스물여덟 살에 그냥 알바식으로 배우다가, 다니다 보니깐 도무송 기계가 몇 가지가 있거든요? 하이델, 영신, 아사히. 뭐 하여튼 몇 개가 있는데, 수동으로 하는 것도 있고. 저는 하이델을 배워가지고 이걸 하다 보니깐 이래 됐으예.

이 기계는 어떻게 작동되는 겁니까?

다 톰슨 기계인데, 이 기계는 제일 큰 종이도 작업이 가능합니더. 전지가 1024인가 1984인가 아무튼 종이 큰 것까지 들어가요. 카고 수량에 따라 쓰는 기계가 다릅니더. 수량이 적으면 작은 기계가 낫고, 수량이 많으면 큰 기계가 낫고 그래 작업을 합니더. 한 번 맞차 놓으면 지가 알아서 계속 기계가 가니깐.

이 나무판은 어떻게 쓰이는 건지 궁금합니다.

이거는 물건 하나 찍어낼 때마다 하나씩 바꾸는 겁니다. 계속 같은 거 찍어내면 뭐 20번이나 30번도 쓸 수 있고. 뭐 박스 같은 거는 한 번 만들면 계속 쓰기도 합니다. 또 근데 책 같은 경우에는 갑자기 몇 페이지가 늘거나 하면 간격이 달라지거든요. 책등이 달라지면 그걸 또 못 쓰거든요. 그러면 새로 만들어야 돼요. 이거는 목형집에서 만들어서 와야 되는데, 목형집은 또 따로 있습니더. 틀을 만드는 집이 저쪽에 따로 있어요. 내가 이 틀까지 못 만들거든. 그 목형을 그러니깐 요 칼 선을 보내줘요. 그걸 레이저로 합판에다가 파요, 이거를. 합판 위에다가 칼을 넣어요. (목형판을 가리키면서) 여기 보면 까맣게 탔잖아요. 이게 레이저 흔적입니더. 레이저로 이걸 파가지고 거기에다가 칼을 넣어가 작업을 합니더. 옛날에는 이걸 사람 손으로 다 팠어요. 요즘에는 레이저로 해가지고 칼을 박는 거지. 칼을 박으면 그 자리를 따라가 이제 접고 해가 파일도 만들고 모양을 만드는 거지예. 그캐가 이거를 기계 밑에 넣고 종이를 넣고 돌리면 종이에 칼자국이 남지요? 다시 이야기하면 목판 칼에 종이가 눌리키면서 이게 종이에 흔적이 남지요? 그걸 따내면 이제 완성되는 거지요. 카고 이거는 또 기계마다 다른데 종이를 눌러서 하는 기계가 있고, 칼이 위에서 내려와서 자르는 기계도 있고 다 다릅니더.

도무송에서는 일이 어떤 식으로 이루어지는지 궁금합니다.

이게 일반 기획하는 사람들이나 디자인하는 사람들은 이걸 몰라요. 안 보면. 그러니깐 기획하는 사람들은 무조건 작업하면 되는 줄 알고 있어요. 그래가 될 수 있으면 기획하는 사람들보고 오라 그래요. 와서 설명을 듣고 가라고. 그래야 그 사람들이 아니깐. 그냥 작업하는, 무조건 되는 줄 알거든요. 아니거든요. 그러니깐 대부분 후공정을 잘 몰라요. 인쇄까지는 알아요. 그까지는 아는데 이거를 잘 모르지요. 그냥 하청 넘기면 끝나는 줄 알거든요. 생각보다 공정이 많거든요.

인쇄하고 그 위에 코딩이 들어가고, 목형도 따야 되고, 그라고 도무송을 하고 이러면 벌써 공정이 몇 가지가 되잖아요. 그래가 이게 단지가 모여 있어야 일이 편하지요. 이게 종이나 인쇄 나온 거만 보면 별거 아인 거 같은데, 이거 중에서는 또 풀 바르고 뭐 하는 것도 있으면 수작업을 또 해야 돼요. 풀 바르는 거는 여 또 어른들 모이가 하는 곳이 있어요. 천 개 풀 바르는데 4만 원, 5만 원씩 줘야 되는데, 그걸 또 부업으로 하는 분들이 있거든요. 남산동에는 한 세 군데, 네 군데 정도 있어요. 그러니깐 이게 프린트만 해서 나오는게 아니기 때문에 하루이틀 만에 나오는 게 아니죠. 거기에다가 종이도 수천 가지가 되는데, 우리도 모르거든요. 우리도 쓰는 종이만 알지 종이를 다 모르거든. 모르면 그때는 종이 하는 집에 가가 또 물어봐야 돼요. 특별한 종이 이런 거는 또 담배 한 갑 하는 종이도 있어요. 그래서 내가 봐서는 이 일을 해도 모르는 분야가 너무 많아요. 인쇄 나왔는 거, 물건 보면은 아 잘 나왔네 카지, 그게 틀렸는지 맞는지 그걸 또 몰라요. 우리는 또 글자 하나 틀렸다고 그걸 막 찾고 그러지는 않거든. 그런데 기획실 아들은 글자 이거 틀렸네 카면서, 카면 우리는 또다시 다 작업해야 되거든요. 폐기해야 돼요. 못 쓴다 카이. 그래가지고 재작업하면 손해 보는 일도 수두룩합니더. 박스 같은 경우에 아주 디테일 안 하면은 그냥 쓰죠. 그런데 관공서에서 쓰는 거는 글자 하나 틀리면 난리가 나거든. 못 쓰니깐. 그러면 새로 작업해야 돼요. 며칠 전에 전국체전 캐가 봉투 작업을 하나 했는데, 앞에는 글자가 있는데 뒤에는 글자가 없어요. 그래가 다 다시 새로 했어요. 돈이 얼마나 손해 봤는지 모르겠네. 부분으로 코딩 들어가는 걸 작업했는데, 광이 나게 작업을 했는데, 종이에다가 인쇄를 해가 거기에다가 다른 걸 입히는 작업을 했는데, 그걸 다시 해달라 카이까네. 그런데 또 그게 200장, 300장밖에 안 됐어요. 수량도 적고 돈도 안 되는데 그걸 또다시 할라 카이 이게 돈이 막 들어가는 거지. 남는 거 하나도 없지요 뭐. 우리 도무송은 또 입찰 같은 것도 안 하고, 1인 사업체는 입찰 자체를 못 해요. 할 수도 없고. 인쇄소에서 보통 입찰 받으러 들어가고 우리는 그 일 받아서 하는 거라서 입찰하고는 또 달라요. 기획하는 사람 자체적으로 입찰을 받는 경우도 있어요. 왜냐카만 입찰만 받아가 몇 군데 던지 주고, 자기 수수료 묵고 하는 사람도 많아요. 영업만 하는 사람. 그런 사람들이 관공서 입찰 받으러 많이 다니죠.

인터뷰 다닌 곳 중에서, 대표님 중에서는 제일 젊으신 것 같습니다.

나이가 이 동네에서는 어려요. 다들 연세가 좀 있어요. 여기 말고 성서 출판단지 가면 젊은 사람들이 좀 있어요. 거기도 도무송집이 있어요. 지금 내가 생각하기에 이 일이 3D잖아요. 이게 또 박봉이거든요. 그런데 디자인 같은 경우에는 서울에서는 돈을 많이 준다 카더라고요. 그런데 대구에서는 박봉이거든요. 서울에 그냥 마크 하나 해주고 몇백만 원 불러도 돈을 주는데, 대구는 마크 하나 만들어가 줘도 이게 뭐 몇십만 원이나 하노 이칸다니깐요. 케이스 같은 거 도안해서 줘도 그런 식으로 이야기한다 카니깐 젊은 사람들이 여기 있을라 카나? 다 서울로 가지요. 5만 원 10만 원 받아도 도둑놈 소리 들으니깐. 그카니깐 젊은 사람들이 있을 수가 없지. 여기 어른들 하는 말씀은, 여기가 만약 진짜 재개발이 된다? 그라믄 여기 손 털고 나갈 사람 많다 캐요. 근데 내가 봐서는 재개발 안 하면 뭐 나가서 할 게 없으니 또 그냥 있는 거고 뭐 그렇죠 뭐. 그래도 이쪽 도무송은 아직 인쇄보다는 좀 괜찮아요.

혼자 일을 하십니까?

예. 저는 혼자 일합니다. 혼자 나와가 좀 일찍 나와가 일하고 좀 일찍 들어가고 합니더. 보통 한 7시 되면 나와서 일을 합니더. 일이 있으니깐. 일이 없으면 늦게 나와도 되는데, 일이 있을 때는 좀 일찍 나와가 일하는 게 또 무시 못합니더. 사람들 안 다닐 때 또 일하는 게 크거든요. 퇴근 시간도 뭐 대중없고. 우리는 또 일이라는 게, 요 좀 있음 또 선거 있잖아요? 선거 있으면 일이 많을 것 같은데, 도무송하고는 아무 상관이 없어요. 인쇄하고 재단 중철만 일이 많고, 그것도 다 그런 게 아니고 한두 군데만 그래요. 하는 가게만. 카고 대선이나 이런 거 하고는 또 관계없고 지방선거 해야 그나마 좀 괜찮고. 요즘에는 또 서울에서 다 내려와서 하니깐 별로 없어요. 무소속 나오면 좀 일이 있을까 합니더. 우리는 비슷비슷하게 그냥 일이 있습니더. 또 일 양이 작으면 우리도 인건비가 안 나오기 때문에 한군데 모아서 하는 경우도 있고 그래요. 여 모아서 하는 곳이 있거든요. 천 장씩 나오는 거 이런 거는 타산이 안 맞아서 그렇거든요. 명함이나 스티커는 그래 작업을 많이 합니더. 수십만 개 되면 모를까.

남산동이 혹시 재개발이 이루어지면 출판단지 쪽으로 옮기실 생각이 있으신지요?

예. 저는 가요. 몇 군데 업어서 같이 가야지요. 그렇게 생각하고 있어요. 딸랑 이것만 들고 가서는 못 묵고 살거든. 그래가 기획실, 인쇄, 코팅, 도무송까지 같이 가야, 최소 이 정도는 가야 됩니더. 그래 안 가면 일이 안 나오잖아요. 보통 자기 집에서 해결을 다 할라 카거든요. 여기는 그만두실 분들이 많을 거고, 옮기는 사람은 별로 없을걸요? 그런데 또 젊은 사람들 중에서 인쇄하는 사람들 중에서는, 만약 보상받으면 인쇄 안 할 거라고 캐요. 거기 가서 못 버틴다고 카거든요. 여기서 인쇄하는 분들은 모아서 이래 인쇄를 하는 분들이 많거든요. 여기서 나오는 것만 이래 조금씩 하는 거거든요. 그러면 여기서 나오는 물건이 거의 다라고 봐야 되는데, 출판단지에 가면 그런 식으로 안 나오거든요. 거기는 자기들이 자체적으로 다 하니깐. 만약에 기계를 들고 글로 갔다? 과연 이 사람들한테 일을 주겠냐고. 일이 안 간다 말이죠. 그러니깐 그냥 보상받고 그만둔다 카지요. 여기는 그래도 일이 적어도 꾸준하게 일이 자꾸 들어오고 하는데, 거기는 안 그렇다는 거죠. 안 돌 가능성이 높아요. 남산동 여기는 큰 물건이 없어요. 다 작게 작게 돌아가 일을 합니더. 여기는 일하기도 편하고. 그런데 거기 가면 작은 일은 안 해줄 끼고, 여기는 그래도 몇백 장 캐도 일을 해 주는데, 거기는 몇천 장 가지고 가면은 '이게 일이가?' 칼 거거든요. 이래가 일이 없어지면 뭐 서울로 일이 가고 그렇죠. 지금도 대량은 대부분 서울로 일이 많이 가요. 내가 비싼 기계 사가주고 그 기계값 뽑겠냐는 거지.

우리가 하는 일이 그래

연령대: 60대
구술 일자: 2021년 7월 29일

인쇄 골목엔 언제 자리 잡으셨나요?

우리는 오래 있었어요. 40년 넘게. 여(여기) 다 알지요. 옛날에 우리 때는 우리끼리 다 했는데 워낙 사람들이 마이 늘어나다 보이까, 젊은 사람들은 잘 모르고.

요즘 상황은 어떤가요?

해마다 계속 더 어려워지고 있으니까 힘이 마이(많이) 들어요, 조금씩. 그래가 지금 문 닫는 데도 많아요. 문 닫는 데도 많고 사람 써가는(써서는), 사람 써가, 유지가 안 돼예. 그만큼 절박해. 본인이 아닌 데는 다 힘들어요. 월급도 못 줄 정도로 힘들어요. 본인이 하는 데는 월급이 안 나가이끼네. 요새 대학 전공 책도 양이 많이 줄었어요. 보통 보마 천 부씩, 7백, 8백 부 이랬는데. 요새는, 요전에는 2백 부, 3백 부 찍었어요. 2백 부, 3백 부 찍으마, 예산도 마이 줄고 해가 2백 부, 3백 부 찍었다 카이끼네. 이, 이기 작품집인데 요번에 일부, 일부가 발행하고 남았는 긴데 이기 디지탈인데, 사진 전시횐데 일부 나가고, 부수가 확 줄었어요. 없어요, 부수가. 부수 자체가 다 줄어 뺐어. 그래 가지고 마이 힘들지.

90년대만 하더라도 24시간 불 꺼지는 가게를 구경하기가 힘들었지요. 선거철 되면 철야작업 해야 되지, 동성로에 가게들 막 생기니깐 그때 홍보물 막 찍어내지, 주변 관공서나 회사 할 것 없이 전부 인쇄홍보니 책자니 만들어가 막 장사 열심히 할 때였으니깐. 그런데 갑자기 휴대폰으로 뭐 다 보는 시대가 되고 나이께네 종이 이거 찍어가 보는 사람이 몇이나 되겠노? 인쇄도 이제는 사양사업이라 젊은 친구들도 일 안 배울라 카고, 우리도 뭐 이제는 인건비 맞출 정도로 많이 벌지도 못하고. 내 인건비도 안 나오는 상황이라 지금은. 그래서 일 있으면 문 열고, 일 없으면 뭐 문 닫고 하는 거지 뭐. 그래서 언제 문을 열고 언제 문을 닫고 하는 경우가 따로 없어요. 일 있으면 다행이지 뭐.

이곳은 어떤 일을 하는 공간인가요?

우리는 인쇄가 고급 기계라 가지고 작품집 마이 합니다. 이 기계가 우리가 제일 먼저 들어왔어요, 대구 시내에. 이 프로그램 가지고 있는 게 제일 먼저 들어왔어요. 색상, 전송 받아가, 데이타 전송 받아가 그라는 기. 2006년도에 제일 먼저 들어왔어요. 옛날에는, 한 50년, 40년 전에는 1도짜리 기계밖이(밖에) 없었어요. 하이델베르네(하이델베르크)에서 나오는 거, 그거 독일제 기곈데 고게 1도짜리가 한 40년 전에 그거밖에 없었고. 그라고 좀 이따가 몇 년 이따가 투 칼라, 2도짜리 들어오고. 그카고선 마이 발전됐지요. 요건 디지탈 포 칼라고. 이기 7억이 넘어요. 시스템 자체가 좋아가지고 7억이 넘어요. 원래는 7억 넘으면 이것보다 좀 더 큰 걸 살 수 있는데. 이거는 정상적으로 하면 한 시간에 만 장, 만이천 찍는데 빨리 돌리면 만오천 장까지 나와예. 근데 기계 무리 가니까 안 돌리고, 그만큼 돌릴 일도 없고, 그냥 보통 보면 양이 많은 거는 한 만이천 장, 만 장 정도 돌리지요.

인쇄를 실제로 접해보지 않으면 실무를 보기 힘들겠네요.

그라이끼네 저 공부하고 거서 배와가 왔는 사람들은 여 갭(차이)이 많지. 현장 실험하고, 현장 실습하고 마이 틀려요. 디자인도 그렇고. 디자인하는 애들도 와가지고, 여 와가 다시 배와야 돼. 일단 하는 거는, 디자인하는 거는 하는 거지만 모두 실제 업무 자체는 다시 배와야 돼. 근데 처음엔 잘 몰라. 만약에 재단선이, 여기가 재단선이잖아 그죠? 이거 할려면 이만큼 빼줘야 한다니까. 그래야 재단을 하면, 딱 하면 이래 깔끔하게 딱 되는데, 이걸 딱 맞차가 요래 딱 해놓는다니까. 이러마 되나. 이러마 짤라 뿌면 허옇게 다 나오는데. 그럼 사실 줄어들어 뿌잖애. 책이. 그럼 또 2미리 정도 잘라 뿐다 말야. 줄어든다 카이끼네. 그러이끼네 뭐든 간에 이기 정상이다 카믄 2미리 정도, 2, 3미리 키우고 작업을 하고, 마, 항상 그런 식으로, 그것도 알아야 되고 하는데. 현실에 맞게끔 실무 경험이 있어야 돼요.

인쇄 업체에 젊은 사람들이 입사하나요?

나도 안 그래도, 서울 사람들 디자인 쪽, 이쪽으로 해가지고 데리고 오려고 했는데, 지방은 안 와요. 게다가 젊은 사람들은 인쇄 쪽은 안 할라 캐. 힘드니까. 힘들고, 뭐. 그래도 사실은 오래 가는 거는 이쪽이라. 디자인보다는. 디자인하는 아들 하다가 그만두고 안 하는 아들 많은데, 이거는 그래도 어느 정도 기술이 있어야 되니까. 그래도 사람들 잘 안 할라 카이까. 요새 특히나 사람들 안 할라 그래. 왜냐면은 인쇄 단가가 딱 스돕돼 있어 가주고, 20년 전이나 지금이나 별 차이 없어요. 그러이끼네 죽을라 캐요. 우리가 옛날 겉으면, 옛날에 아실라나 모르겠는데, 1도 가격이 옛날에 5천 원씩 했어요. 5천 원씩 하믄 4도 찍으면 2만 원인데, 요새도 5천 원 해요. 양 많은 거는 3천 원도 해요. 도로 내려갔어. 왜냐면은 기계가 고속화되고 빠르다 보이까 양은 많채, 돈은 비싸게 장비 사 놔놓고 단가는 뚝 내려가 뿌고, 재료비는 더 올라가고, 재료비는 몇 년 쭉 올라가요. 재료비, 인건비 다 올라가는데, 그러이께네 향상성이 없어요. 그러이끼네 인쇄가 어렵다니까. 재료비가 올라가면 인건비도 같이 올라가야 되는데, 서로 경쟁이 돼가지고 안 돼. 내가 20년 전에 300씩 받았어요. 지금도 일하는 사람들 350씩 밖이 못 받아. 옛날 겉으면 지금 오륙백 받아야 되는데. 예전에는, 내 장가갈 때만 해도 인쇄하는 사람들 먹고산다 캤다이까. 요새는 마 그런 것도 없고. 그 당시에만 해도 우리는 월급을 마이 받았지요. 85년도 이럴 때만 해도 월급 백만 원 넘게 받았는데, 그때 일반 직장인들 월급 오륙십만 원 밖에 못 받았을 때라. 우리 백만 원씩 받을 때.

여기 있는 인쇄 기계로 박스 인쇄는 못하나요?

하지. 하는데, 우리가 인자, 박스는 인자 양지고 우리는 양지라 카는 기 아이라 고급 아트지, 얇은 종이하고. 박스는 두꺼운 종이라. 두꺼운 종이는 두꺼운 종이 전문으로 찍어야 돼, 계속. 그, 이거 하다 이거 하다 이거 하면 기계에 무리 가니까. 이거는 약간 계속 두꺼운 건 두꺼운 대로 가뿌야 돼. 박스도 찍어 찍는데, 아래께(어제) 찍은 기 어디 갔노. 박스는 우린 잘 안 찍어. 기계가 무리 가니까. 이런 것도 내나 박스거든. 요런 것도 다 박슨데, 이거는 그래도 좀 얇으니까 우리가 찍어 줬지, 원래 이거 배(곱절) 되거든. 그라믄 우리가 기계 무리가 가 안 찍어. 그래도 박스 쪽으로는 그래도 일이 있지. 일이 있는데 지금 워낙 코로나 때문에 이카이끼네 명절 때 이럴 때는 박스도 불황 타지. 경공업이 팍 줄어뿌이끼네.

인쇄소는 출판사와 구체적으로 어떻게 다른가요?

보통 출판사, 거는(거기는) 인쇄를 하는 데가 아이고 우리한테 하청 넘겨주는 데라. 거는 인쇄는 안 해. 인쇄는 안 하고 관리하고. 인쇄도 부수가 적으마 단가는 어쩔 수 없어요. 인쇄하는 사람들 부수 적으마 재미없어요. 하는 사람 자체도 재미없어요. 돈 마이 받도(받지도) 못하고. 우리는 그러이, 우리는 고급 인쇄하는데도 뭐, 우리 쪽에도 코로나 때문에 전시회 이런 기 다 취소되고, 없어지고 이카이끼네 힘들지요.

출판단지 쪽으로 이전하는 걸 생각하신 적이 있나요?

아뇨. 없습니다. 거는, 그쪽으로 가는 사람들은, 일단은 물론 작은 부분도 돼야 되지만도, 업체를 어느 정도 불려서 가야 되는데, 멀리 떨어져 있으이까 안 돼요. 그러이까 소규모적이지 않게 가야 되는데.

인쇄 골목이 재개발된다는 이야기도 있던데요.

저 밑에 저쪽에, 저 밑에는 한 15년 전부터 재개발된다 카고 아직 안 되고 있고. 계산오거리에서 이쪽 편으로 안 되고 있고. 그 나머지 요 밑으로 재개발된다고 하는데, 잘 모르겠어요.

향후 인쇄 골목은 어떻게 변할까요?

재미없어요. 절망이라. 우리도 마, 이래 하고, 마, 더 이상 안 하지. 재미없어요. 그러이끼네 인자, 좀 큰 데는 인자, 막, 단가 치고 들어오니까 어쩔 수 없이, 그런 데는 인자, 하긴 하는데, 우리는 인자, 한 번씩 기대되는 거는 입찰 드가(들어가) 가주고 입찰 따는 거, 그거 밖이 없거든. 나도 한 2년 전에 4천만 원짜리 입찰 들어가가 됐는데, 그기 또 자주 되는 것도 아이니까. 그거 4천만 원 되면은 천만 원 정도 남았었나? 그렇고. 요새는 또 재미가 없어요. 여, 여, 어디고, 여기 시에서 하는 입찰 이런 거는, 옛날엔 시 입찰도 재밌었는데, 요새는 코로나 이런 것 때문에 단가 다 내려가가지고, 자기들도 지원도 마이 줄고. 대구시청 자체도 재미없어요. 저 뭐야, 입찰받아도. 입찰받으면 3, 40프로 남아야 돼요. 그런데 거의 뭐 비슷비슷해요. 그러이끼네 입찰 받아 놓고도 이게 해야 되나 말아야 되나 카믄서 고민하게 된다니까. 그러이끼네 하면, 했다가, 실적도 쌓이고 하니까 하는 기지, 진짜 돈 보고는 안 해. 안 하고 싶다니까.

그냥 막 자른다고 재단이 되는 건 아이지

연령대: 60대

구술 일자: 2021년 10월 3일

언제부터 이 일을 하셨나요?

제가 올해 육십아홉입니다. 이상하게 뭐 집안 아저씨가 내가 집에서 소주 끓이고 있으이까 학창 시절에, 소주 끓이고 있는데 집안 아저씨가, 집안에서 제일 부자라. 아버지한티 와갖고 누구는 종이 뭐 우예가(어떻게 해서) 돈 마이 벌있다 카대. 그기 귀에 딱 땡기갖고 기를 쓰고 해보겠다고 한 기 오늘날 이래 됐지요. 근데 사실 돈도 못 벌었어요. 저는 이 직업을요, 멫 년도부터 했는가 하믄 73년도부터 했어요. 넘의 집에서부터 출발해갖고, 73년도부터 해갖고, 결국은 75년도에 군대 가갖고, 78년도 제대해갖고, 또 이 직업을 했는데, 처음엔 이 영세업체로 하다가 뭐 시에서 뭐 인쇄 단지(대구 출판단지)라 카믄서 만들어주니까 뭐 정부에서 해준다 캐뿌이끼네 대형화로 나가니께요, 소형화가 다 죽어뿐(버린) 기라. 인쇄 단지에 옮겨간 데, 일부 옮겨갔는데 옮겨감과 동시에 고마 쪼가리, 거도 안 좋고 여도 안 좋나. 내 생각은 그래요. 다른 사람들 생각은 또 다르겠지만은. 좀 그런 점이 많고. 또 여기선 지금 현재 마 죽을 쑵니다. 계속 문 닫아 드갑니다(들어갑니다), 여기. 출판단지는 자기들 저기, 저거 받은 기 있어가, 돈, 정부 받은 기 있어가 빼도 박도 몬 하는 사람도 있고, 있는데, 이 휴대폰이 나와 갖고, 마, 인쇄는 마, 죽어 드갑니다. 모든 기 뭐, 아무것도 안 해도 다 하지 않습니까. 다 죽어뿐 기지. 사실 이것도예, 명함 받는 것 자체가 부담스럽다 칼 정도로 세상이 그렇습니다. 폰으로, 내 폰으로 이래 뿌믄 끝이거든. 몇 번 이 카믄 꾹 눌리줘뿌믄 명함이 필요 없는 시대가 돼 뿐 기지. 그러이끼네 전부 다 죽을 지경입니다. 근데 옛날 어두운 시절이 돈이 되지, 지금 인쇄하는 사람들요, 70년대 인쇄해 주는데 6천 원, 7천 원 받았는데, 지금 우야는고 알고 있습니까? 지금 3천 원 받고 있습니다. 그때는 돈 가치도 있잖아요, 그때는 기계, 수동 기계 한 대 놔놓으면 사람 여섯 명이 매달리가 했는데 지금은예 자동 기계 한 사람이 합니다. 인건비도 안 드가죠. 나오는 건요, 그때는 한 시간 하마(하면) 요 정도 나왔는데 지금은 한 시간 하마 이래 나옵니다. 막 쏟아지니까요. 그러이 뭐, 일이 막 여섯 배, 일곱 배씩, 마, 그러이까, 기계, 쎄빠지게(힘들게) 벌어와갖고 돈 좀 모이고 또 기계 한 대 사뿌만 또 거지고. 경쟁이 끝이 없습니다. 그 전쟁에 휘말리마 꽝입니다.

일을 하려고 하는 사람이 없나요?

이 일도 이제 젊은 사람들 안 배울라 캅니다. 그러이 이런 생각을 해요. 안 그래도 나도 여기 고령이라꼬. 이제 고만 손 씻지 이카는데, 나오믄 뭐 합니까. 평생 이것뿌이 안 했는데. 아무것도 할 줄 모릅니다. 이것뿌이 모릅니다. 종이 짜르는 거 이것뿌이 할 줄 모릅니다. 그 나온들 내가 뭘 하겠노 이런 생각뿌이 안 들고. 그러이 지금 여 있는 사람들 인건비도 못 내가 내놓은 사람들 쌨습니다(많습니다). 하루 종일 있어도 기계도 못 돌리고 집에 가는 사람 있습니다. 인쇄 기계, 옵세

트(옵셋 인쇄기). 되는 집은 그냥 그냥 됩니다.

선거철이 되면 바빠지지 않나요?

선거철요? 아, 선거철 카는 기, 선거도요, 요즘은 뭐, 뭡니까. 인터넷 그런 것도 하믄서도, 선거 홍보물도 옛날엔 막 쥐고 뿌렸는데, 그것도 규정되가 있지 않습니까. 규정된 한도 내에서 해야 될 게. 그것도 우야는가 하믄 명함 쪼가리 여 뿌린다 카믄, 기계는 갈수록 발전하구요, 옛날에는 마, 저 정도 같으마 몇 집이 해야 될 게 요즘에는 한 집에서 다 쓸어 해도 충분히 해낼 수 있다 카는 그런 능력이. 기계는 자꾸 발전하고 사람은 자꾸 필요 없어지고 좀 그런 점이 있죠. 그러다 보이께 누가 보믄 선거물 하믄 돈 되겠다, 기계 좋으이까 단가 막 치는 거야, 그냥. 장비를 갖다가, 단가 더 치니까 더 아이다, 아이씨, 차라리 안 해뿌지 뭐, 이카는 사람도 있어요. 그리고 또 중간에 선거물이라 카는 게 뭐, 또 가정으로 발송하는 선거물은 3일, 3일 작업, 어, 3일, 요즘 3일이 아이제? 메칠 작업 날짜를, 메칠 안 주거든요. 근데 고 안에 요이땅 해가 다 해줘야 되는 기라. 근데 특히 무소속은 근데, 기호가 1번, 2번은 그래도 미리 이제 또 작업할 수는 있는데, 사람들이 미리 작업도 안 해갖고 하는데, 하여튼 애로 사항을 마이 느낍니다.

(사장님이 전화를 받은 후 방명록 제작 작업을 중단함) 이 작업을 전부 다시 해야 하나요?

아뇨. 아, 이게, 예식장의 그긴데요, 구멍을 뚫는데 이 견본 하나 해갖고 뚤벘어요. 그다음에 또 다음에는 처음에 했던 그 견본으로 계속해야 되는데, 다음에 뚤버 놨던 걸로 또 견본하고 또 그람 또 그걸로 견본하고. 이라믄 자꾸자꾸 구멍이 엉뚱한 데 가 있다는 기지. 모든 게 그렇잖아요. 기준 하나를 갖고 딱 초점이 돼야 되는데 사람들이 가 오는 걸 자꾸만 뭐, 다 맞겠지, 겠지, 겠지. 겠지가 아이거든요. 일이라는 기 그렇심다. 나는 그걸 자꾸 원하거든요. 그런데도 이 사람들 그걸 이해 못 해요. 내가 늘 카는 기 일을 하다 보마(보면) 이런 소릴 하거든요. 기계 이걸 자르는 걸 믿지 마라. 절대 믿지 마라. 내 하는 일 믿지 마라. 왜 일이라 카는 건요, 원래 칼 이런 건 믿으면 믿을수록 정밀도 더 떨어진다. 내 그카믄, 뭐 카는가 하믄 저 놈은 저거 할 줄 모른다 이카는데, 사실입니다. 그래서 어떤 사람은 내 심정을 알고 아, 맞다, 저건 진짜 안다, 이카는 사람도 있으요. 실젭니다. 돈 자르는 거요, 아무것도 아입니다. 저 지폐 자르라 카믄 자릅니다. 근데 지폐 잘라 놓은 거 내 눈엔 허점이 막 설설 보입니다. 내 눈엔 그런 것밖이 안 보인다니까. 맨날 그것만 연구했으이까. 그것만 눈에 보인다는 거죠.

전문가인 사장님이 보기에 그럴 수 있겠네요.

아직도 일하는 데 보믄 사람들 이런 기 많애요. 요래 하믄 공식적으로 하는 기 있잖아예. 공식을 떠나서 있는 걸 좀, 있는 걸 좀 뭐 해도, 이런 경우에 요래 하는 유동성(융통성)이 있어야 하는데, 종이 재질에 따라 또 다르고, 모든 기 다 다릅니다. 그런 거 모르고, 무턱대고 컴퓨터 그냥 이카는데. 그리고 인제 내가 과거에 할 때는 전부 수동으로 돌리가 했던 게 전자로 하다가, 지금은 컴퓨터로 하거든요. 다음에 가면은 인제 요거보다 더 발전한 게 있십니다. 뭐가 있냐 하면은

1층이 작업하면 요쪽에서 인제 막 인쇄하고 이러면은 우에서 기획하면은, 시스템 탁 두드려 뿌면은 여까지 입력돼가 모든 기 자동으로 돌아갑니다. 그런 시대가 옵니다.

그런 기계를 구비하는 건 비용이 많이 드나요?

아니죠. 그냥 시스템만 갖추면 되는 기죠. 어차피 이 기계에다가 그대로 다 넣으면 되지요. 인제 그런 시대가 된다는 기죠. 그러면은 인력이 더 쓸모가 없어지죠. 그러이께 대형이 자꾸 소형을 다 잡아먹고 소형은 그냥 다 죽어뿌는 기죠. 인제 같이 먹고사는 시대는 아이다는 기죠. 옛날에는 다 괜찮았심다. 90년대 그때는 막 밤낮없이 돌아가고 그랬는데, 지금은 막 서로 물량 맞추기도 어려울 정도로 그렇습니다.

이 자리에서 얼마나 있으셨나요?

요 자리요? 저 우에 있다가 욜로 내리왔는데, 23년인가 됐지요. 나도 뭐 이 기계가, 이 기계가 전부 다 컴퓨터거든요. 그리고 요 안에 컴퓨터 한 대 들어앉았심다. 요는 전자박스고. 이게 다 연결돼 있심다. 저것도, 저 우에 있는 것도 컴퓨터고. 저기 드가다가 안 드가면요 기계 탁 서뿝니다. 가다 걸리도 탁 서뿌고, 두 장 드가도 탁 서뿌고.

재단소와 제책소의 차이는 무엇인가요?

제책은요, 책을 이래 두껍게 만드는, 풀 발라갖고 두껍게 만드는 데고, 재단소는 한마디로 말해서 잘라갖고 호치케스(스테이플러) 박았는 깁니다. 접어주고예. 신문 겉은 거 접어주고. 은행에 가믄 와 팜플레트(팸플릿), 와 이래 접히고 저래 접히고 한 거, 안 그라믄 어데 가 설명서 겉은 거 접어주는 거 이런 기고, 저기 구멍 뚫는 거 겉은 거 이런 기죠. 이건, 이건 내가 이렇게 책을 만들었어요. 그니까 인제 이렇게 OO예식장 이래갖고 축의금 받고 마지막에 이래 하는 거, 이런 식으로 해 갖고 여기다 구멍 뚤버 주믄 자기들 빼득빼득한 거 뭡니까, 그 합판 겉은 거 그걸로 대갖고 쓰지요. 예식장 한 곳에 팔아 먹죠.

인쇄 업체가 한 곳에 모여 있으면 무엇이 좋나요?

같이 붙어 있어야 같이 먹고살지요. 뭐든지 가까버야(가까워야) 좋지요. 멀면 힘들어요.

남산동 인쇄 골목이 전국에서 세 번째로 크다고 하던데요.

서울에, 을지로 4가에 가믄 방산시장 거기에요, 인쇄 단지가 뭉치가 있어요. 거도 그 사람들도 하는 말이, 거도 쪼마나거든요(조그맣거든요). 그 사람들이 뭐 카는가 하면 대구 남산동 하믄 그래도 더 알아줍니다. 을지로 캐도.

어떤 분은 10년 안에 인쇄 골목이 사라질 거라고 말씀하시더라고요.

맞습니다. 저도 그 말에 동의합니다. 근데 재개발이, 내 생각이 뭐냐면은 재개발 떠들긴 떠들어도 자기들 자체가 일으키가 이카는데, 반대하는 사람들 많애요. 모든 게 통일된다믄 모르지만. 나는 대구에 오십 몇 년을 살았는데요, 대구가 골목으로 이루어진 거는 최고라예. 사람들 굉장히 다른 도시에서는 이상하게 생각하는데, 대구에 부속골목, 깡통골목, 공구골목, 약정골목 카믄 다들 이상하게 생각하거든요. 저는 그거 자랑이라고 생각하거든요. 삼십 한 오륙 년 전만 해도

요, 여기가 인쇄소가 몇 개 없었습니다. 작은 거 몇 개 있었고. 지금 큰 인쇄소는 그때 당시에 어디 있었냐면은 달성공원 옆에, 그쪽에 있었고, 그리고 동산동에 있었습니다. 근데 지금은 이상하게 남산동에 모이기 시작해갖고 한 삼십 몇 년 전부터 모이기 시작했죠. 여긴 다 영세 업체들이라예. 지금 다 전부 다 뭡니까 저, 별의별 인쇄사 여기 다 있는데요, 심지어 인쇄도 종류가 되게 많아요. 스크린 인쇄도 있고 금박 인쇄도 있고 뭐, 전부 그런 건 수작업이지요. 근데 여도 마이 없어졌지요. 점점 없어집니다.

예전에는 10년, 20년 뒤면 인쇄골목이 없어진다 캤는데, 아직까지 버티고 있잖아예? 그런데 진짜 10년 뒤에는 여기도 없어질 끼다. 우리처럼 나이 든 사람은 할 수 있는 일이 이것뿐이라 아직 하고 있는 거고, 그렇다고 그만두기에도 뭣하고, 그만둘라 카이 나가면 할 일도 없고 뭐. 그래서 그냥 하고 있는 거지, 그렇다고 밑에 자식들이 이 일을 할라 카나? 안 할라 캐. 안 할라 카지. 그러이 뭐 재개발 들어가고 나가라고 하면 우리 일도 그때는 끝이지 뭐. 여기 골목에 나처럼 나이 든 사람은 다 그래 생각할 끼다.

그런데 통계 자료를 보면 인쇄 업체는 계속 늘고 있는데요.

그기 다 기획하는 데라요. 기획하는 사람들은 사무실만 내놓으마 끝이거든요. 2층이 됐든, 5층이 됐든 전화기 한 대 갖다 놓고, 컴퓨터 한 대 놔놓고, 그것만 하믄 되는데. 실지로(실제로) 일하는 사람은 기계가 너무 잘 나오니까. 예를 들면 이런 겁니다. 설명을 해드릴게요. 참 중요한 겁니다. 인쇄가 이래 나오면은, 이래 나오다 보마 여(여기)는 돼지집, 여는 박집, 여는 쥐집 뭐 이래 알 거 아입니까, 기획실에. 뭐 예를 들어서 1번 기획실, 2번 기획실, 3번 기획실. 주문 들어오마 같이 모다가(모아서) 인쇄 옇거든요(넣거든요). 집은 다 틀리재. 원래 각자 해야 되는 기라. 이라믄 여덟 개란 말이야, 여덟 개가 각자 이 집, 저 집 주문받아갖고, 몰아갖고 인쇄해뿄거든요. 그라믄 필림(필름)값, 판값, 인쇄비 모든 게 다 절약됩니다. 그런 시스템으로 하니까 다 영세 업체가 다 죽어뿐 기지. 그깁니다. 그기 말하면 합판 카는 깁니다. 이 집 거, 저 집 거 같이 모다가 한데 같이 하는 거. 기획실에서 넘겨받아 갖고요. 전부 그래가 넘겨주는 거 아입니까. 전부 그래갖고 모다가 넘가 줘뿌마는, 그런 데 가믄 우다다 뚝딱 합니다. 완전 기성품 스타일이죠. 물건을 온전히 뺀다든가 이런 건 아이고. 그기 인제, 그게 우리가 몬 이기는 겁니다. 씨링집 안 있습니까. 특별 맞춤 말고는 씨링도 그런 식으로 다 해뿝니다. 그러이 씨링집 다 작살났습니다. 돈이 너무 싸게 친다는 거죠. 그라믄 종이 한 롤을 찍어도 재료값이 기본적으로 얼마 까고 들어가는데, 그 자체가 싹 없어진 기죠. 그기요 여덟 명이, 혼자 다 뒤집어쓸 거, 여덟 명이 갈라가 내믄 얼매나 쌉니까?

영업과 기획은 돈을 좀 벌 수 있겠네요.

그기는 좀 낫겠죠. 우리는 100프로 원청이 없습니다. 다 하청이지. 그래 내가 실제 도청 일은 마이 했거든요. 여, 여, 여(여기) 단지에서 우리 집까지 싣고 옵니다. 여, 여, 그리고 지방 시청들 안 있습니까. 그런 데 인쇄 마이 합니다. 주위에서, 관공서에서 나한테 하청 주니까. 진주시청, 마산시청, 울산시청 대부분 그렇습니다. 경상도 이런 데 다 해봤지. 해봤는데, 전부 다 난 남의 일만 해주고도 뭐. 내가 주문받는 건 없고예. 거서 인제 자기들이 골치아프마, 내한테 넘구습니다(넘깁니다). 이것 좀 해주시오 하믄서 넘구커든. 넘구머 이제 우리가 최종 마무리 작업하지요. 이것도, 메모지 이게 도청에서 받은 기라. 이거 한 차 해줬심다. 한 보름 됐나. 그러이 여서 뭐 부산에도 보내고 뭐.

인쇄 골목이 소멸의 길로 내몰리는 이유가 무엇일까요?

기계는 자꾸 발전하지요. 옛날에는, 우리 할 때는 칼 하나 내루는(내리는) 것도 정말 기술적으로 내렸어요. 지금은 막 사람이 몬 하는 걸요. 기계가 자꾸 해내는 시대가 돼 간다니깐요. 고게 차이점입니다. 그러니까 아무나 보믄, 금방 쪼금만 보믄 내가 하겠다 이런 시댄데, 그런 사람들은 이제 아주 정밀한 거 이런 거 하는 건 모 해도. 우리는 이제 하다 보면, 어느 메이커 종이를 어떤 칼을, 얼매 써서 찧으면 어떻게 내리가고, 이런 것까지 우리 머릿속에 다 있다는 거지요. 이건 뭐 경험에서 오는 기고. 종이마다예 무조건 칼 내룬다꼬 다 정확하게 내루는 게 아니거든요. 다 틀립니다. 인쇄 기계도 마찬가지고. 종이마다 다 다르고, 종이 결마다 다 다르고, 재질마다 다 다르고, 다 다릅니다. 고거를 잘 가가는 사람이 그 사람이 기술자라. 이기 경력에서 나오는 기죠. 입으로 말하믄요, 입으로 말하믄 다 잘하죠.

인쇄골목 인쇄 업체가 조금씩 사라지면 오히려 단가는 오르지 않을까요?

올라가진 안 한다고 보는데. 제 생각에는 길이 자꾸만, 그 이제, 보통 사람들이 찾는 길이 힘들지 않겠나 이렇죠. 단가는 늘 그대로 뭐. 그래도 뭐 좀 그래도 없어지마 좀 오르겠죠. 인쇄소가 줄어들마, 경쟁 업체가 줄어들마 뻔한 거 아입니까.

이 골목에 재단소는 얼마나 있나요?

재단소요? 이마입니다(이만큼 있습니다-10개 업체). 회원 든 사람들이 이마이고. 그런데 여기에 문 닫은 사람이 두 사람이나 세 사람 있습니다. 그리고 요 회원 말고도 또 있습니다. 자기는 회원 가입 안 한 사람. 그러이 가입하기 싫은 사람 어쩌겠어요. 옛말에 평양감사는 내하기 싫으마 그만둔다는데.

이건 어떤 기계인가요?

이기 접어주는 거라예. 이게 드가믄예 다시 이래도 접힙니다. 이래도 되고. 그리고 뭐 이래 삐딱하게도 되고. 이거는 또 막 이래 접어가 이래 접어갖고 이래도 접을 수 있으예. 저거는 큰 것만 접는 기고.

접는 걸 전부 기계가 하네요?

전부 기계가 다 합니다. 이래 3등분 접어주는 건예, 시간당 만 몇 장씩 나옵니다. 인제 다 필요 없습니다. 이제는예, 내 친구들 문 닫고 막 이캅니다. 이제 히바리(힘) 없다고 문 닫고 막 이캅니다.

이런 기계가 없던 시절에 재단을 어떻게 하셨나요?

그때는 내가 제일 처음 할 때는예, 이런 기계에서 우에, 밑에 여으면(넣으면) 이거 물고 뒤에 물어주고 칼이 니려오거든요. 옛날에는 물어주는 기, 이기 자동으로 내리오는 기. 지금은 자동입니다. 우에(위에) 옛날에는 이기 돌았습니다. 힘껏 조아(조여) 놓고 여(여기를) 막 손으로 조아 놓으마 막 칼이 니러왔습니다. 그때 70년대 초에, 그땐 다 그랬심다. 그래가 획기적으로 바꿨는 기, 전자로 바뀐 기 80년대 들어와갖고, 팔십 한 일이 년도에 그때 전자식이 들어왔심다. 근데 요 컴퓨터는 90년대, 90년대 들어왔지예. 이, 97년도 들어온 기계니까. 이것도 화면 있는 거하고 없는 거하고 가격 차이가 마이 납니다. 새거 살라카믄 천 몇 백만 원 차이 나나 그렇습니다. 이거 내가 컴퓨터 한 번 갈았는데, 가는 데만 해도, 컴퓨터 하나 가는데 600만 원 주고 갈았습니다. 내가 몇 년 전에 갈았는데.

인쇄 업체는 아무리 영세 업체라도 기계 비용이 많이 들겠네요?

이기 우리가 제일 뭐카는 게, 그만두고 싶어도요, 기계, 내가 살라 카믄 기곈데 내가 필요 없으마 쇳덩어립니다. 그마이(그만큼) 시중에 기계가 너무 많다는 거죠. 살 사람이 없으예. 우리 살 때는, 정말, 내가 살라 카믄 중고 아니라 뭐라도 기곕니다. 근데 내가 필요 없으면요, 고철이라.

향후에 업체 정리를 하시면 다른 사람한테 물려주실 건가요?

그런 건 안 될 것 같애요. 내 자식은 안 하다 카이 끝입니다. 누가 그래, 물려받을 사람이 아무도 없습니다. 뭐 우리 집 아도 학교 교편 생활합니다. 지금 고등학교 수학 선생입니다.

여기 카페가 많이 생기고 있더라고요.

그러이까요. 여기 아파트가 생기니까 여 카페 자꾸 들어서지요. 인제 인쇄소가 자꾸 문을 닫으이까.

인쇄의 꽃은 바로 제책입니다

연령대: 직원 50대, 사장님 70대
구술연도: 2021년 9월 27일

인쇄 골목엔 언제 자리 잡으셨나요?

내가 여(여기) 온 지는 한 25년 됐어요. 우리는 제본을 전문으로 하고, 제책이니까. 제본을 전문적으로.

출판사랑은 다른가요?

거서는(거기서는) 인제 발주를 받아가지고. 자기들이 거기서 복사를, 요새는 디지탈(디지털) 있잖아요. 꼽아가. 자기들은 표지하고 이런 걸 잘 못하이까 인자, 우리인데(한테) 가 오지. 거는 우리하고 하는 일이 달라요. 자체에서 하는 일도 있고 자기들 못 하는 거는 외부로, 밖으로 인자 하청을 주는 거지.

표지도 만들어 주시는 건가요?

표지도 자기 집서 가져오는 기(게) 있고 자기 집서 못하는 기 있고, 이 종류가 굉장히 많잖아예. 표지는 우리는 안 하지. 하는 집이 따로 있으예. 대원이라 했나? 거기 가면 이거 전문적이잖아. 거(거기) 인쇄 기계가 비싸요. 지금 대구에요, 몇백 억짜리 기계도 있어. 윤전기 있잖아요 윤전기. 저, 저, 저, 신문사 하는 윤전기 있죠? 그거 몇백 억,

몇 대 있어요. 이 동네는 없을 거라예. 그카고 출판단지에는 윤전기는 내가 없는 걸로 알고 있는데. 윤전기는 없지만은 몇십 억짜리 기계는 있는 걸로 알고 있어요.

여기도 기계가 많은데요.

우리는, 내가 잠깐 설명해줄게. 해달라 카이까. 제일 처음에 우리가 저쪽에서 인자 우리가 의뢰하는(의뢰받는) 책자 이런 거는, 종이를 가옵니다. 가져오면 우리가 여기, 저가(저게) 재단기거든요. 짤라가지고 요 기계에서 인자 책을 하나하나 만들어줘요. 한 권씩. 한 장 한 장씩 이래가 책 한 권이 나오면은, 요, 요 기계가지고 요, 요 작업을 해가지고 이래가지고 재단해가 하믄 요런 식이 나와요. 이기 인저, 문선기라 그래요, 문선기. 이것도 비싸요. 이거는 한 십 년 정도 썼어요.

비슷한 기계가 또 있는데 서로 다른 건가요?

같은 긴데, 저 기계는 두꺼운 거. 칠 센치, 팔 센치짜리 하고. 아주 두꺼운 거고. 이거는 보통 900페이지짜리. 책 만들 땐 여(여기) 들어 있는 기(게) 풀 풀, 화공약품인데, 이거 붙이가지고 만들지요. 요런 거 같은 경우에는 한 시간에 한 육백 부. 시간당 한 육칠백 부 나옵니다. 요기서 하는 것만. 이건 거의 연결돼가 하기 때문에. 뭐. 요즘은 기계로 해야 되지. 옛날엔 다 수동으로, 수작업으로 했잖아예. 수작업으로 할 때는 이래 안 되고. 일은 그때는 많았고. 옛날에는 호치케스로 찍고. 이런 식으로 했지요. 지금은 인자 거의 뭐, 반자동이지요.

책 만드는 방식이 다양하나요?

실로도 만들지예. 실도 종류가. 족보 아시지요. 족보사 하는 것도 인제, 그것도 또 여러 가지라. 절 겉은 디(데) 가면 보통 절 책 있잖아요. 그람(그럼) 실로 꾸민 것 많잖아요. 그런 것도 있고. 수첩 있지요? 수첩 보면은 그것도 실 여가(넣어서) 하는 것도 있고. 종류가 다 그거 기계도 달라요. 하는 방법도 다 다르고.

이런 기계를 한 업체에서 다 구비하는 경우도 있나요?

그래 하기는 힘들지요. 그래 하는 디 잘 없어요. 워낙 돈이 마이 들고 장소, 뭐, 뭐, 뭐, 기술, 여러 가지가 있기 때문에. 업체마다 하는 기 다 다르기 때문에. 이래 모이가 하는 기 낫지요. 그럼 서로서로 페이지를 보고 이쪽이 나을 것 같으마 일로(여기로) 주고 하지요.

요즘 상황이 어떤가요?

직원 두 명 있어요. 무지하게 힘듭니다. 10년 전, 20년 전하고 단가도 똑같지요. 이기 거의 사양길로 접어드는 일이라요. 실질적으로. 원래는 책이라는 기 마이 만들어야 되는데. 인쇄가 있어야 제책도 있는데. 인쇄물이 마이 줄지. 학생들이 뭐 공부를 모 하니, 코로나 때문에 학원 같은 디도 못 가고. 책도 옛날에는 뭐, 논문, 뭐, 교재 뭐 엄청 나왔잖아요. 이제는 학원 책 이런 게 거의 없으예. 논문도 옛날에는 뭐 100부도 하고 박사논문 같은 거는 1,000부도 하고, 또 뭐 그 발이 넓은 사람들은 마이도 하고 이라는데 지금은 인제 거의 없어요. 있긴 있는데 해봐야 뭐, 뭐, 뭐, 교수 뭡니까, 그거 심사용. 그거 요새 다섯 부, 열 부밖이(밖에) 안 해요. 그거 학교 근처 복사집이서(에서) 해줬는데 이젠 일이 없으이까.

그래도 대구 · 경북에 있는 학교에서 주문하는 물량이 많지 않나요?

많죠. 그러니까 업체가 여러 군데서 하죠. 한 업체에선 모하잖아요. 업체가, 학교가 많은 대신에, 인쇄하는 데도 많잖아요. 그래도 옛날보다 줄었고 단가도 비슷해서 애로점이 많아예.

학교 말고 주문을 하는 데도 있나요?

관공서도 마이 하죠. 시 · 도 · 군, 각 교육청 뭐, 뭐, 유인물 나오는 데는 다하죠. 인쇄물 나오는 데는. 보통 여러 군데 해예. 근데 관공서도 옛날보다 물량이 줄고, 그거는 예산이 줄고, 요새는 또 더구나 코로나 때문에 일을 마이 못 해예. 또 행사도 없어지고. 행사 거의 없잖아요. 사람 못 모이니까. 옛날엔 카달로크(카탈로그) 겉은 것도 마이 했는데 지금은 거의 없죠. 축제 겉은 것도 없고. 포스터도 다 없어지고.

입찰에 참여는 안 하시나요?

우리는 입찰 안 합니다. 우리는 그러니까 의뢰만 받아가 하기 때문에. 우리는 개인 상대로 하기 때문에. 큰 회사나 뭐 학교나 이런 거는 안 해요.

따로 영업할 필요는 없으시겠네요?

하마(하면) 좋지예, 그래도. 좋은데, 저도 뭐 나이도 있고 하기 때문에.

일하는 시간은 어떻게 되시나요?

우리는 거의 아홉 시에서 여섯 시 반까지. 옛날엔 밤낮없이 일했어요.

우리도 일요일도 하고, 뭐, 야간도 매일 하고 했는데, 지금은 아예 낮에 할 것도 없어서 놀고 있는데. 근데 이건 어쩔 수 없어요, 이거는. 시대에 따라. 그라고 또 과학이 발달되면 일이 줄어드니까.

다음 질문부터 일하던 직원 한 분도 인터뷰에 참여했다. 사장님 인터뷰 내용과 직원 인터뷰 내용은 각각 앞에 〈대표〉, 〈직원〉이라고 표기했다.

이 일을 하면서 기억에 남는 일이 있었나요?

대표　크게 뭐, 감동받을 일은 없는데.

직원　뭐, 제본 잘해주머(주면) 고맙다 카믄 끝인 거고, 근데 뭐 제본 잘못됐다 카믄 그기 골치 아픈 거지. 뭐 페이지가 거꾸로 들어갔다 이래뿌먼. 페이지를 잡아주는 기계가 있어도 일을 하다 보믄 1, 2, 3, 4 이래 가는데 책을 딱 만들어놓으면 1페이지 다음에 2페이지, 그다음 딱 4페이지가 나올 때가 있어요. 그래 딱 일을 하다 보믄 있는데 하다 보믄 잘못돼, 사람이다 보이까 실수를 한다니까. 그럼 나중에 다시 해야 되죠. 제본비가 만약에 20만 원이면 인쇄 다시 해달라 카믄 인쇄비하고 그라믄 200만 원 든다니깐요.

페이지를 잡아주는 기계는 어떻게 사용하는 건가요?

직원　기계 하나당 30페이지, 4개니까 30, 30, 30, 30 해가 120페이지. 120페이지 한 번에 나오먼. 이래 뽑았다. 한 번에 60장이다 그라먼. 처음에 1페이지부터 120페이지다 그라먼 그다음엔 121페이지부터 240페이지까지. 그라먼 요 두 개를 이렇게 합쳐가지고 저기(풀 붙이는 기계) 옇어(넣어)뿌만 되는 거죠. 여뿌머는 풀로 붙어서 나오는 거죠. 표지도 저서(저기서) 자동으로 올라와요. 종이가 붙어서 가면 표지가 밑에서 올라와서 싸줘요.

기계로 페이지를 정렬했는데, 또다시 한번 확인하시나요?

직원　그렇죠. 몇 부 뽑아가 처음에 확인하고 옳게 되믄 계속 돌리는 거죠. 그니까 처음에 딱 뽑아가지고, 처음에 딱 돌려가지고 페이지를 본다니까. 1, 2, 3, 4, 5, 6, 7, 8, 9, 10 맞는가 보고 옳게 되믄 가(가져)오고. 어, 잘못됐다, 어 돌아갔네 그라먼 다시 수정해가 가오는 거죠. 그리고 처음에 이렇게 했는데, 이게 보통 최고가 400장, 처음에 400장씩 드가거든요. 400장씩. 그래가 만약에 1,000부를 할 것 같으면 3번 정도를 여야(넣어야) 되거든요. 요 옇다가 나중에, 요기 400장 옇어놨는데, 그다음 파트가 400장인데, 내가 이래 돌릴 수 있다니깐요. 이래 거꾸로 드갈 수 있다니까. 그래가 두 번째 들어갈 때 거꾸로 들어갔는지 봐주는 거라니까. 그래야 거꾸로 드갔는지 알 수 있어요.

꼼꼼하지 않으면 기계 사용하기 힘들겠네요.

직원　그래가 제본한 지 10년 이상 한 사람들이 이걸 해요. 왜냐먼 여가 잘못되면 다른 데선 페이지 확인이 안 되니까. 이거 잘못하면 손해 보죠. 그니까 제본비가 20만 원이라 치면 만약에 칼라라 캐 뿌머는, 제본비 20만 원밖에 못 버는데 인쇄비 다 물어내야 되고 종잇값 다 물어내야 되고, 배보다 배꼽이 더 크죠.

야근을 할 때도 있나요?

직원　요새는 잘 안 하죠. 겨울에 하는데. 겨울에 왜냐하면은 3월달 되면 신학기잖아요. 옛날에는 학교에 대학생들 논문을 마이 했다고. 논문을. 논문 그때 하고. 졸업 시즌 되면 아들은 문집을 또 했다고. 졸업하는 아들 문집 있잖아요. 근데 요즘 문집을 안 해요. 왜냐하면은 코로나 때문에 그런 것도 있고, 문집도 마이 줄었고. 그리고 요새는 다 CD로 돌리뿐다꼬. CD로 돌리뿌이 문집 자체가 없죠.

그럼 가장 바쁠 때가 겨울인가요?

직원 12월달부터 해가(해서) 4월달까지. 그때는 왜냐하면은 한 해를 마무리하고 내년에 또 새 책을 또 발간해야 되니까 그런 것도 있고, 졸업 시즌 있고, 신학기도 있고. 옛날에도 뭐 대학교 이런 데서는, 대학교 교재도 뭐 옛날에 곁음 영진전문대 이런 데 책자, 학생들, 신입생들 주는 책자, 과가 다 다르니까. 근데 지금은 그런 게 없죠. 지금은 또 왜냐하면은 학교 안에서 자기들 출판사 있다니까요. 거서 하는 거죠.

인쇄 골목이 재개발에 들어간다는 이야기가 있던데요.

대표 드가면 여긴 없지. 여긴 아파트 지으니까. 없어질 가능성이 가장 많지요. 지금 당장은 된다 안 된다 카는 기는 모르지만 거의 다 지금 추진하고 있으니까. 지금도 일이 없어가 마이 없어졌어요.

앞으로 언제까지 일을 할 계획이신가요?

대표 제가 올해 70이거든요. 그래가지고 체력도 그렇고 우리도 뭐, 오래 하겠어요? 5년이나 10년 하겠어요? 육십하나가 보통 은퇴잖아요. 사무관 겉은 경우. 서기관 겉은 정도믄 몰라도. 일반적으로 경찰서장 하믄, 친구들 벌써 은퇴하고. 아들한테 지금 나도 원래 물려줄라 캤는데 우리 아들이 일을 안 할라 카네. 딴 사람들한테 임대를 시키주든지 해야지. 나는 모 하지만은. 우리 직원들이나 이런 사람들 할라 카마 하라 캐야지. 젊은 사람들 많으면 좋은데 이제 그기 안 되잖아요. 희망이 없어가. 이 직업 자체가.

인쇄 골목에 카페가 많이 들어서더라고요.

대표　네. 여기 카페 몇 군데 있어요.

직원　카페는 아파트 생기고 나서 주구장창 다 생기지. 여기 인쇄소 주인들도 자리 빈 데는 카페가 들어와 뿌니까(버리니까), 카페가 더 잘 되거든요. 점포가 안 나가니까, 카페 들어오므는 카페 월세가 더 비싼데, 그러이 주구장창 젊은 아들이(애들이) 주구장창 카페 차리가지고, 이쪽저쪽에 전부 다 차렸잖아예.

대표　그래, 뭐든 해야지. 저기 저 후임들은 뭐라도 놔믄(들이면) 되지.

인쇄 업계에서 사용하는 일본식 용어

부록 2

근대 시기 인쇄 장비와 기술은 일제강점기에 일본을 통해 들어왔기 때문에 인쇄 업계에서는 아직 일본식 인쇄 용어를 많이 사용한다. 부록에서는 일본식 인쇄 용어를 정리하였다.

가가리 사철	양장이나 반양장 제책에서 각 용지를 하나씩 실로 엮어 맞춤
가다와 마리	책등을 둥글게 만들기 위한 등굳히기
가미도리	오프셋 인쇄기에서 인쇄된 종이가 배출되어 쌓임
간다레	표지의 배쪽(앞쪽)을 접는 제책 방식
게쓰	낱장 인쇄물 물림묶 반대쪽 변
게시타	출판물 밑 여백
겐또	인쇄시 인쇄 위치 맞추기
고바리	소편집
구와이	인쇄 밑부분
나라시	양장 제책시 실매기를 끝낸 속장을 죄어 잠재움
나카토비라	속 표제지
노리	접지된 인쇄물과 별지를 풀로 붙임
노리사시	딱제본 시 책등에 풀칠함
노마시	잉크색을 연하게
누끼	특정 피사체의 형태 도려내기
다치오토시	자투리 종이
다테메	종이의 세로결
단보루	골판지

덴노리	머리 풀매기기
도무송(톰슨 가공법)	인쇄물을 목형을 이용해 원하는 모양으로 따내는 과정
도비라	표지와 내지 중간이나 내지와 내지 사이에 들어가는 책 제목
돈땡	인쇄물의 앞판과 뒷판을 한판으로 짜 양면을 같은 판에 인쇄
돈보(레지스터 마크)	인쇄시 포커스를 맞추기 위한 기준선
마끼도리	잉크 교환 시나 인쇄 작업 종료 후 롤러에 묻은 잉크 세척
마에스케	책 본문 앞 표제지
베다	빈 공간 없이 전면 인쇄
베라	낱장
보까시(그라데이션)	점진적으로 색상을 다르게 함
세네카	책등(책을 세우거나 책꽂이에 꽂았을 때 보이는 부분)
소부야끼	필름을 판에 인화함
시로누끼	검은 바탕에 문자나 화상을 흰색으로 뺌
시야게	마무리 재단
시야끼 다찌	다듬 재단
시야끼 시로	다듬 재단 시 잘려 나가는 부분
아미	바탕에 깔린 음영(1%~99% 농도를 지닌 색상)
아타리센	맞춤선, 기준선
야리지	못 쓰는 용지(훼손지)
야키스케	빛 쬐기

오리꼬미	접어 매넣기
오시	누름 자국(인쇄물을 접어야 하는 부분에 선 만들기)
와꾸	틀
와리스케	판 벼르기
요고레 지움	필름 자국 지움, 잡티 지움
요꼬바리	오프셋 인쇄기에서 인쇄 위치를 정하는 장치 중 옆면 위치를 정하는 철편
우라	뒷면
조아이	접지 모음
조우시	인쇄 시작시 인쇄 농도를 맞추거나 조절함
지라시	낱장 광고물
무끼 하리	오른쪽 당김
하마기리	톰슨 목형 제작 중 칼날을 원하는 모양으로 꺾어 주는 기계
하리꼬미	대첩
한시타	판 밑, 제판 원고
헤라	잉크 주걱
혼가끼	다른 양면
혼가께	인쇄물의 앞판과 뒷판을 별도로 판을 짜 인쇄함
혼시	인쇄 종이(본 종이)
혼즈리	본 인쇄

대구 중구
인쇄 업체 현황

부록 3

아래 〈표〉는 남산동 인쇄골목이 위치한 중구의 인쇄 업체들이다. 이곳 인쇄 업체들은 대부분 소규모 사업장이어서 어느 날 갑자기 생기기도 하고 사라지기도 한다. 단단하게 고정되어 있지 않은 곳, 늘 흔들리는 장소가 바로 중구이며 이곳을 대표하는 동네가 바로 인쇄골목이다.

대구 인쇄사 현황(2021년 6월 14일 기준, 가나다 순)

(재)대구구천주교회대건인쇄출판사	(주)우리인쇄
(주)경성	(주)월드인쇄
(주)경성	(주)유스코
(주)논스탑미디어	(주)중앙인쇄
(주)늘푸른	(주)지에프비에프
(주)대성카렌다	(주)청우 플러스
(주)동재문고	(주)카피몰데이타시스템
(주)동화사	(주)한국엔에스티
(주)디앤에이치	(주)한빛
(주)디앤피프라자	(주)호림기획
(주)북방교육연구원	(주)효성디앤피
(주)삼성애드	(주)훈민커뮤니케이션
(주)삼희기획	AD ROCK
(주)성광종합인쇄	D&C기획
(주)솔라기획	DNA
(주)씨앤에이커뮤니케이션	GL
(주)아이비엘	NEWLOOKS(뉴룩스)
(주)아이컴	가람디자인
(주)애드코인	가은인쇄

갑구기획인쇄사	광명프린팅
갓이즈굿	광성인쇄기획사
거성기획	광성인쇄사
거성종합인쇄	광일애드
거평인쇄기획	광진문화사
경보기획인쇄	교육사
경보종합인쇄	구남인쇄사
경북P&P	구일문화인쇄사
경북기획출력센타	구일출판기획
경북봉투사	그린애드
경북제책사	그린정밀인쇄
경성인쇄소	금강문화사
경신사	금도깨비
경신종합인쇄사	금산종합인쇄사
경안인쇄소	금성애드
경운인쇄소	금성인쇄사
경인문화사	금성인쇄소
경일문화사	나래광고사
경일문화사	나무프린텍
경일사	나우디자인
경주원색인쇄	남경인쇄소
계명인쇄소	남문인쇄사
계문인쇄소	남산인쇄소
고려	남성인쇄소
고려기획인쇄	남성프린텍
고유커뮤니케이션	남신문화사
골든기획	누리프린팅
곰두리기획인쇄	다리커뮤니케이션
공간파트너스	다산미디어
광명상사	다원인쇄

다은인쇄기획	대명문화인쇄소
다음기획인쇄	대보사
다이렉스	대봉정밀인쇄소
다인기획인쇄	대서인쇄기획
다인기획인쇄	대성사인쇄사
다인인쇄	대성애드
다채디자인	대성카렌다
닥스문화인쇄	대신인쇄사
대건기획인쇄	대양사
대경기획인쇄사	대양정밀인쇄사
대경애드컴	대영인쇄소
대경인쇄	대영출판인쇄사
대경인재	대영피앤피
대경재단	대우인쇄사
대경종합인쇄	대일기획인쇄
대경종합인쇄사	대일씨링인쇄사
대경하이테크	대일인쇄소
대광문화사	대일종합인쇄사
대광문화인쇄	대진기획인쇄광고
대교인쇄사	대창종합인쇄소
대구경북인쇄정보산업협동조합	대학교재출판사
대구그래픽	대현기획사
대구문화사	대화인쇄소
대구사인 현수막발전소	대흥정밀인쇄소
대구전산	더블에이플랫폼
대남인쇄소	더우린
대덕디지털인쇄	더죤프린텍
대동기획	도담기획
대동스크린	도서출판 풍경소리
대동출판인쇄	동도인쇄사

동방인쇄사	디자인틈
동서씨링	디지털 인디자인
동서인쇄소	디지털 집현전
동신당인쇄소	디지털디오(주)
동아인쇄	디지털인쇄클릭
동양인쇄사	디지털-펍
동양출판사	리프로하우스매그넘
동우지우 프린팅	매그넘디자인
동원인쇄사	매그넘프린텍
동인인쇄사	매일기획
동행	매일원색
두성문화인쇄	명문정밀인쇄
디더블유기획출판사	명보정밀인쇄사
디앤에이(D&A)	명성프로젝트
디엔시파크(주)	명인문화사
디엔씨만수	명함동산
디자인 나무	목가
디자인 디앤비	무림인쇄
디자인 소금	문비주얼커뮤니케이션 스튜디오
디자인 채널	문양사
디자인 트리	문출판인쇄
디자인 파란	문호인쇄소
디자인그린	문화인쇄
디자인대길	문화인쇄사
디자인비아	문화인쇄소
디자인세이	문화정밀인쇄사
디자인셋	문화콘텐츠생산자협동조합
디자인스토리	물방울 종합광고사
디자인씨앗	미도인쇄소
디자인애드	미래애드컴

미래인쇄사	삼인기획
미루나무커뮤니케이션	삼인당인쇄인판사
미소제본	삼일사
미진종합인쇄사	삼정인쇄소
민 종합인쇄	삼화인쇄소
바이오인쇄사	삼환
백산프린텍	상송기획
백천프린텍	상진씨링인쇄사
범한인쇄사	새고려기획인쇄
별2디자인	새고려인쇄사
보라기획	새동문인쇄기획
보문사인쇄소	새론기획인쇄
보성문화사	새샘사
봉인인쇄소	새천년 기획인쇄
봉진인쇄소	새한정밀인쇄소
부경인쇄	새희망
부영	샬롬기획
브레인	서문기획
블루나인패키지	서문인쇄사
삼광문화사	서울인쇄사
삼광인쇄	서울컬러프로세스
삼덕인쇄소	서재문화사
삼목인쇄기획	서진애드
삼보그래픽스	서진인쇄소
삼보애드컴	선우원색인쇄
삼보인쇄소	성림포장인쇄소
삼보투링인쇄	성명특수인쇄사
삼성원색사	성문인쇄사
삼영인쇄소	성민인쇄기획
삼원인쇄소	성민인쇄사

성예프린텍	신영인쇄사
성우기획	신용원색
세계사	신원사
세광정밀인쇄사	신일그래픽
세기인쇄광고사	신일문화사
세림스크린상사	신일사
세명기획	신진문화사
세명정밀인쇄소	신진사
세모디지털인쇄	신풍종합인쇄소
세연아트	신한
세운기획	신한양인쇄소
세운인쇄사	신한인쇄사
세종문화사	신한인쇄사
세진인쇄	신화전산폼주식회사
세향광고기획인쇄	신흥인쇄(주)
세화인쇄	쌍용문화사
세희기획인쇄	씨앤씨드림애드유플러스
소석디자인	아띠프린팅
솔로몬기획인쇄	아성씨링종합인쇄사
송화금박인쇄	아성정밀인쇄사
수정기획인쇄	아울인쇄사
스타커뮤니케이션즈(주)	아이기획
승재기획	아주인쇄사
시민인쇄출력사	아카데미문화
신도문화사	아카데미출판인쇄사
신라그래픽스	애드가
신문사	애드넷
신성실문화사	애드맥
신세계피알	애드커뮤니케이션즈
신신기획인쇄사	애드큐브

애린정밀인쇄사	예원애드컴
애플기획	오렌지콩디자인
애플파이광고기획	오륜프린테크
앤픽스종합인쇄	와이디자인
업그레이드	우경출판인쇄사
에드라인매일신문인쇄소	우리P&P
에이스씨링	우림인쇄기획사
에이치케이애드	우성기획인쇄
엠비엠 기획인쇄	우성정밀인쇄
엠애드컴	우신인쇄소
엠애드컴즈	우일기획인쇄
여경사	우일인쇄사
연합포토출력	욱일씨링
영광정밀인쇄사	원진종합인쇄사
영남디자인	월성인쇄소
영남애드컴	위즈커뮤니케이션즈
영남애드텍	유성애드
영남인쇄소	유수기획인쇄
영남종합인쇄사	유신기획
영남종합정밀인쇄소	유원기획
영림정밀인쇄	유한디앤피
영일종합인쇄	윤그래픽
영진애드컴	이너프린팅
영진인쇄소	이소
영진제본	이엠 커뮤니케이션
영한문화사	인디자인(0125)
예감기획	인쇄기획미래
예명인쇄소	인테크
예문인쇄사	인테크
예스인쇄	인투 프린팅

일동기획인쇄소	주식회사 컬러원
일선정밀인쇄	주식회사 컴엔시
일심원색	주식회사 케이비팩토리
일일디지털인쇄	주식회사 포지션
일일디지털인쇄	주식회사글터
일터인쇄소	준그래픽
장온	준수문화사
장원기획인쇄	준커뮤니케이션즈
장원인쇄기획	중앙당인쇄소
장원인쇄소	중앙인쇄기획
정각당인쇄	중앙인쇄기획
정각사	중외인쇄기획, 도서출판 중외
정금사	직지인쇄사
정문인쇄. 타올사	직지플러스
정민사	진 애드
성성원색인쇄	진보제본
정애드컴	진성애드
정음인쇄사	진영사
제일기획	진영인쇄사
제일인쇄기획	진흥인쇄소
제일종합인쇄	참디자인
조은인쇄사	창조출력센타
주식회사1프로더마톨리지글로벌	채널
주식회사 대원당	책마을
주식회사 대창사	천마정밀인쇄
주식회사 디엔디	천우문예사
주식회사 디자인통	천우씨앤피
주식회사 디지탈한글사	천우원색인쇄사
주식회사 오디에스	천우인쇄사
주식회사 우리정밀인쇄	청대정밀인쇄사

청림기획인쇄	하나인쇄
청솔기획	하늘서원
청솔사	학교인쇄
청암타올판촉물	학산인쇄포장사
청우 플러스	학원사
청운인쇄	한국C&D
청타문화사	한국산재장애인협회(주) 한양인쇄사업소
청화당인쇄소	한국출판사
초원당인쇄소	한국특수인쇄공사
컬러뱅크	한글P&C(피엔시)
케이컴	한글기획
코리아애드컴	한남인쇄공사
코셀	한도인쇄
코스모기획인쇄사	한동
코코애드	한둘 기획
태경기획(글과그림)	한림커뮤니케이션
태성씨링	한미에이엔디
태양사	한빛기획인쇄시스템
태양인쇄	한빛인쇄기획
태일문화사	한사람
태일인쇄소	한샘문화사
틈새시장	한성카드시스템
평화문화인쇄사	한솔기획
포엠디자인	한솔문화기획
포지션	한승프린텍
풍문사	한신인쇄사
플러스디앤피	한울기획
피엘커뮤니케이션즈	한일문화사
픽셀	한일문화사
하나라미네이팅	한일인쇄

한일종합인쇄소	형대문화사
해동문화사	형문사
해피라이프	혜성디자인. 인쇄
현대기획	홍익포럼
현대문화사	홍일기획인쇄
현대전산인쇄(주)	화니광고기획
현대특수인쇄소	화성문화사
현동기획인쇄	효성기획인쇄사
현진몰	효성인쇄사
현진사	효성인쇄출판사
현진청구	효정기획인쇄
현피앤씨	훈민원색인쇄사
협신프로세스	

출처: 대구시청 문화 · 관광 · 체육 웹사이트 https://www.daegu.go.kr/cts/index.do

기록을 찍는 사람들

대구 남산동 인쇄 골목

초판 1쇄 발행 2022년 9월 20일

지은이 조현준 · 전민규
펴낸이 강수걸
기획실장 이수현
편집장 권경옥
편집 신지은 오해은 강나래 김소현 이선화 이소영
디자인 권문경 조은비
펴낸곳 산지니
등록 2005년 2월 7일 제333-3370000251002005000001호
주소 부산시 해운대구 수영강변대로 140 BCC 613호
전화 051-504-7070 | 팩스 051-507-7543
홈페이지 www.sanzinibook.com
전자우편 sanzini@sanzinibook.com
블로그 sanzinibook.tistory.com

ISBN 979-11-6861-087-3 03010

* 책값은 뒤표지에 있습니다.
* 잘못된 책은 구입하신 곳에서 교환해드립니다.
* 이 책은 한국출판문화산업진흥원의 2022년 '인문교육콘텐츠 개발 지원 사업'을 통해 발간된 도서입니다.